·目 录·

未来畅想

未来的职业

2050的上班族

郑军 著

山西出版传媒集团　山西教育出版社

图书在版编目（CIP）数据

未来的职业：2050的上班族／郑军著. —太原：山西教育出版社，2022.2
（“未来畅想”系列）
ISBN 978-7-5703-1909-1

Ⅰ. ①未… Ⅱ. ①郑… Ⅲ. ①职业—通俗读物 Ⅳ. ①C913.2-49

中国版本图书馆CIP数据核字（2021）第216420号

未来的职业：2050的上班族
WEILAI DE ZHIYE 2050 DE SHANGBANZU

选题策划 彭琼梅
责任编辑 裴 斐
复　　审 韩德平
终　　审 彭琼梅
装帧设计 康 琳
印装监制 蔡 洁

出版发行 山西出版传媒集团·山西教育出版社
（太原市水西门街馒头巷7号 电话：0351-4729801 邮编：030002）
印　　装 山西新华印业有限公司
开　　本 700×1000 1/16
印　　张 11.5
字　　数 171千字
版　　次 2022年2月第1版 2022年2月第1次印刷
印　　数 1—3 000册
书　　号 ISBN 978-7-5703-1909-1
定　　价 34.00元

引言

你的远方

世上有人能穿越时空吗？有，我就是！

在我来的那个时空，农民驾着马车进城拉粪肥，城里人则要去农村采集冰块供应冷库。如果他们走得渴了，会在路边喝一碗大碗茶。

在那个时空，高考语文试卷里有道题，叫作“拟电报稿”，要求用最少的字数表达意思。后来我真的打过一次电报，印象中每字是一元钱。照此推算，如今，你用手机每天花掉几千元。

当时，有些中专还要考核珠算技能，并且设置了级别。人们走到一个办公场合，会对噼啪作响的算盘声充耳不闻。

我生活在天津，当时是全国第三大城市，而不是偏远乡村。偌大城区没几栋高层建筑。偶尔坐一次电梯，我要告诉电梯管理员自己去哪个楼层，由他去按按钮。而在广大乡村，会有人充当电话值班员。他们守在公用电话旁，接到电话后马上找人来接。我拨过这电话，没有一次能找到人。

送我过来的时间机器名叫“人生”。除了我，它还载过成千上万的人。所以，这没有多少技术含量。如今它也载上你，和我去同一个地方——未来。下面这本书里，我就谈谈在那个远方会出现什么新职业，又有哪些工作要成为历史。

读完全书之后，读者可能会不过瘾，因为我没勾画出这些职业的细节。是的，我确实没有能力设想出它们的全貌，那需要你我一起努力。未来是开放的，所有人都能参与，这才是它的魅力。

几十年后，本书的很多预言也许会落空。未来由我们今天所有人共同设计，这只是我那份蓝图。不过，无论何时，我们都要对未来有所预期，有所行动，这个主题永远不会过时。

第一章　与健康有关的职业

新冠疫情让人们再次领悟到一个简单的道理——什么都不如健康重要。失去它，不光个人生活受到威胁，经济活动和社会进程也失去了基础。

所以，我把与健康有关的职业变迁放到了首位。

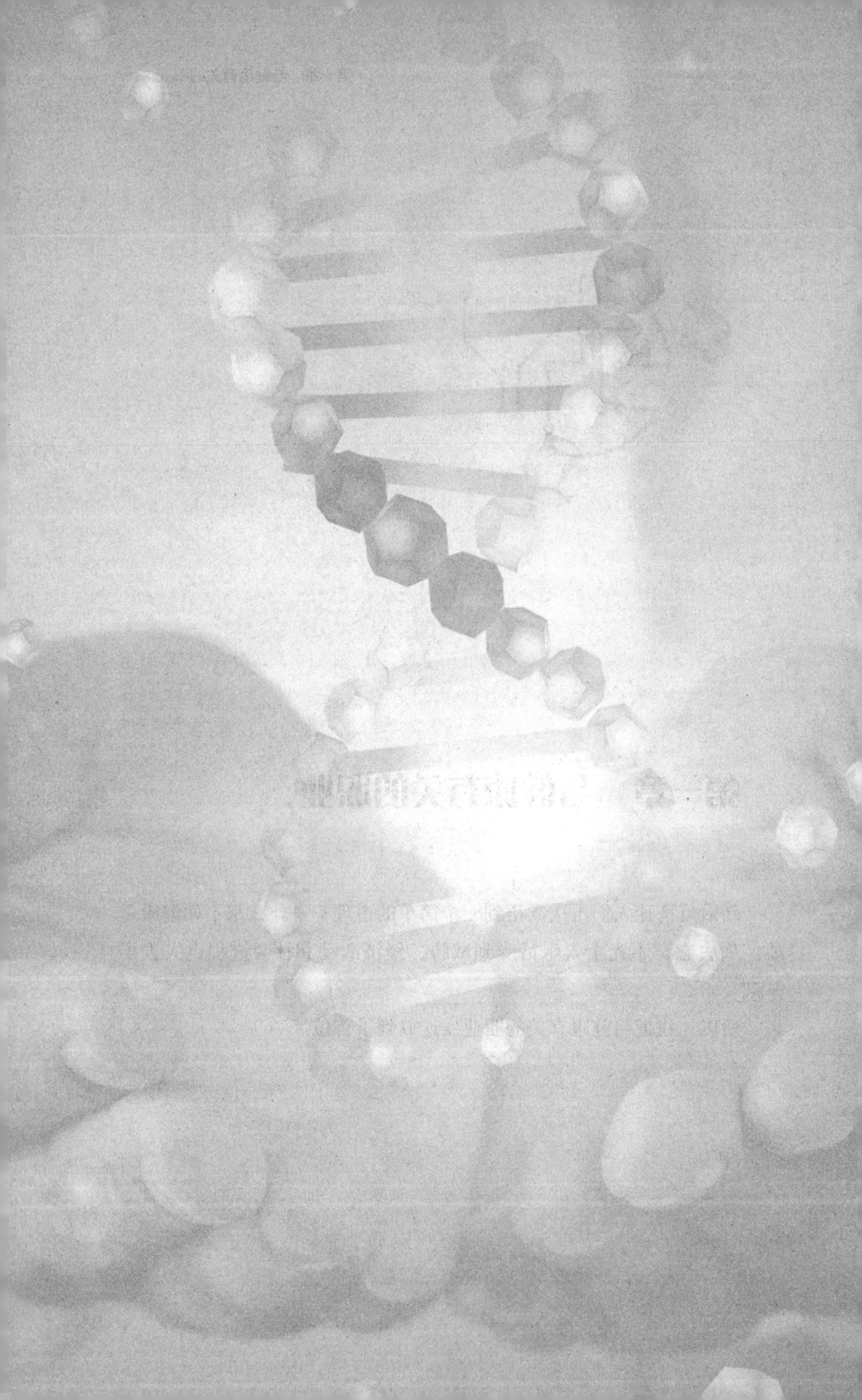

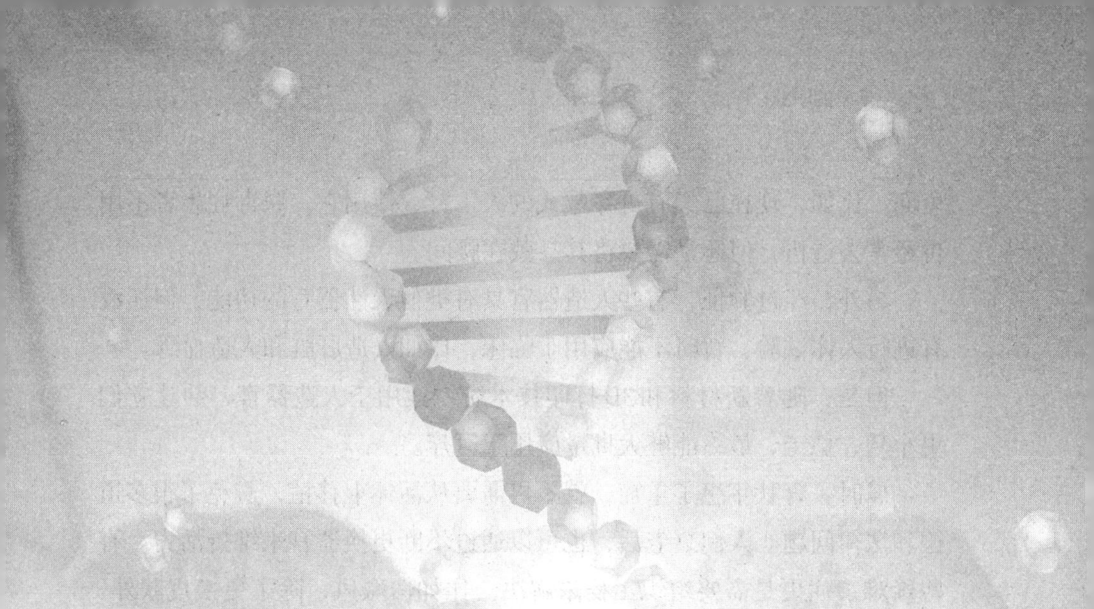

01 人体修复工

药物和手术，这是现代医学的两大法宝。依靠它们，人类已经把平均寿命延长了几十年。很快，医学将迎来第三大法宝，它叫组织工程技术。简单来说，就是用人工材料制造身体零件，在病人需要时给予替换。

更换人体零件？其实，目前就有类似的技术——器官移植。不过，合法的器官移植需要死者生前自愿捐献，来源稀少。比如，全球有角膜病致盲患者约6000万人，我国就有约500万人，每年还新增约45万人。都靠死者捐献，绝大部分人盼不到能移植的角膜。

即使在美国这样的发达国家，每一个获得肾移植的病人背后，就有13个病人因为得不到肾源而死亡。来源稀少，成本就非常高，还引发了很多社会问题，包括助长了特定的犯罪行为。偷摘尸体器官、骗捐、拐卖儿童摘取器官等，这些犯罪都已见诸报端。从贫穷国家偷窃器官卖给发达国家，更是广泛存在的国际犯罪链条。

器官移植还要考虑排异性，比如皮肤就只能自体移植。通常的做法是从患者大腿和臀部这些隐蔽处取皮，移植到面部、颈部这些裸露处。所以，治疗时也会造成新创伤。

最好的解决办法，莫过于在流水线上批量制造人体器官。现在，这类技术还处于试验阶段，制造出来的器官可能比较笨重，不能放入人体里面。比如，现在已经有可穿戴式的人工肾，使用它，尿毒症患者不用再经常去透析，但还是需要将其穿戴在腰间。

另外，经过验证，有些人造器官具有类似天然器官的功能，但还没有进行人体试验，暂时不能应用于临床，比如人造肝脏和人造血管。

但是，随着新材料和3D打印技术纷纷运用于人造器官，会让它们更小巧、稳定，最终能够大批量应用于医疗。

届时，青壮年患了重症，就不再需要从活体上移植，避免了很多道德和法律问题。人们衰老后，也可以通过不断更换器官来维持活力。有些疑难杂症更是需要组织工程来解决。比如白癜风，除了更换皮肤外，目前还没有更好的解决办法。

最终，就像《阿丽塔：战斗天使》描写的那样，我们除了脑，其他部分都可以由人造物体来更换。甚至，我们不仅能因此而长寿，还会变得更强大。

20多年后，成熟的组织工程将形成庞大的产业，很多医生要改行为“人体修复工”。他们先会评估患者是否需要人造器官，然后从流水线上便宜地获取，最后装在病人身上。

可喜的是，我国在组织工程技术上直追世界顶级水平，已经研制出人造角膜、人造血管等产品。我国有14亿多人口，肯定会成为全球组织工程业的最大市场。

02 移动医生

1984年，菲利普斯发明了“红外式额温枪”。10多年前，这一新事物出现在日本电影《感染列岛》和美国电影《传染病》里面，当时大部分观众还不知道它是什么。如今，这种额温枪非常常见，在大街小巷的药店里都有出售。

类似的便携式检测设备已经层出不穷，这标志着一套全新的医疗体系已经诞生，那就是移动医疗。

古代并没有“医院”这类固定地点，绝大部分医生是个体经营，上门为患者服务。在这个过程中，他们了解了病人的职业情况、生活方式和社会关系等。所以，各民族古代医学都不仅仅针对生理问题，还涉及生活方式。

这当然是个优点，但它抵消不了传统医学的致命缺陷——没有科学检测仪器，只能靠经验判断，非常不准确。而且因为没有医疗设备，只能靠草药、按摩等方法施治，效果往往很差。现代医学在检测和治疗两端发明出大量仪器设备，从某种意义上来说取代了传统医学。

然而，有了这些设备后，就需要把它们集中起来使用。特别是电力系统出现后，为新出现的医疗设备集中供电，医院开始普遍建立起来。

与传统医疗相比，使用科学设备后的效率当然提升了一大截。但是病人需要离家就医，产生多种不便的同时，医院也会成为新的“传染源”。

更大的问题是，医生只能接收已发病的患者，失去了观察患者日常生活的机会。这使得医生只能检测生理变化，仅解决生理问题，从而导致现代医学偏医药、偏手术，缺乏人文关怀。

经过否定之否定的发展过程，移动医疗把古代和现代两种体系的优点综合起来，而它依靠的就是类似额温枪这种遥感、便捷、小型化的检测手段。

最初，小型检测仪器主要用于现场急救，经过抢救的病人还需要送到医院治疗。随着医疗设备进一步小型化，特别是大数据和智能手机的广泛应用以后，它们也用于日常生理检测，而且医疗设备开始傻瓜化，由专业医生简单指导，普通人自己在家就能操作。

如今，人们可以在家测量血压，也能在手机上操作看到心电图，通过检测我们还能知道每天的睡眠质量。酒精检测可以集成到手机上，随时了解饮酒有没有过量，而血糖检测会在进食过量时发出警示。

有一位美国专家把个人检测发展到了极致，不仅有心率、血压、血氧量这些常规指标，他还检测各种蛋白和微量元素的水平，总计几十项之多。

除了生理检测，行为监测也可以反映健康水平，我们都熟悉的计步器就是一例。人在患流感后会减少外出，行为方式发生规律性变化，有一种手机应用就可以通过这些变化估测一个人是否患上了流感，而不需要对他进行生理检测。

和现在社会需要大量的外卖员一样，未来的社会需要大量的移动医生。他们的主要任务不是看病，而是教人们如何了解自己的身体，养成健康的生活方式。社会资源也会由治疗病人转向防病和保健，“不治已病治未病”的理想将通过移动医生得到实现。

03 睡眠治疗师

在缺医少药的传统社会，很多疾病得不到相应的治疗，但在当时很少有人失眠。没有电，更没有电视、电脑、互联网，加上白天要承受繁重的体力劳动，往往天一黑，人们就累得沉沉睡去。

20世纪80年代末，笔者到山东老区做社会调查，傍晚路过一个还没通电的山村，直到迎面有人影晃动，才意识到自己是进了村。周围不仅没有光线，没有人声，连狗都不叫。现在想来，在那种环境下，人们除了睡觉，也没有别的事干。

睡眠障碍是典型的现代病，而且越来越严重，包括夜惊、嗜睡、梦游、早醒等，其中患有失眠的人数居首位，所以人们提到睡眠障碍，通常指的就是失眠。

几十年前，失眠还属于“知识分子病”，因为很多人觉得只有知识分子才会用脑过度，导致失眠。到了现在，体力劳动的范围大大压缩，家务事对体力的消耗也远不如从前。过去一餐饭要做两个小时，出门只能骑车或者步行，如今人们提到“工作压力大”，主要是指精神紧张，而不是人体消耗多少卡路里。所以，很多人被失眠困扰着。另外，噪声污染、光污染和大量饮酒都会导致睡眠障碍。

目前，睡眠障碍还属于神经科的范畴。在神经科的问诊量中，睡眠障碍占第二位，仅次于头痛。然而，人们通常在睡眠障碍发展到严重时才看医生。所以，普通人当中患有睡眠障碍的人数所占比例极高。据世界卫生组织统计，全球占比约27%的人患有睡眠障碍，我国大概就有3亿人。

而且有数据表明，“90后”年轻人中至少有84%的人有睡眠问题。电子产品的滥用和过量的夜生活都在人为地推迟睡眠时间，但是很多人觉得自己年轻、耗得起，常常对此不以为然。其实，人类睡眠的目的不仅仅是使身体得到休息。白天人体收集零散信息，进入睡眠后大脑会进行“后台整理”，所以睡眠能促进长期记忆。另外，人在睡眠期间会释放更多的生长素，所以如果缺觉，青少年的身体发育会受到一定程度的影响。

人类的睡眠问题在近几十年开始加剧，并促使形成了一个与睡眠相关的产业链，包括睡眠枕头、安眠保健品、助眠App等。不过，这些大部分只是安慰剂，没有实效。而安眠药确实有效，但是毒副作用大，尤其不适合年轻人使用。

褪黑素可以调节睡眠，所以有些人选择服用褪黑素改善睡眠。但是外服的褪黑素很难被人体吸收，如果加大其含量，还会导致身体不适。

人们逐渐认识到睡眠障碍产生的危害，而且这些问题单靠药物不能有效解决，所以未来睡眠医生会从神经科独立出来，成为一个热门行业。

睡眠障碍主要靠行为治疗。由于产生睡眠障碍的原因很多，睡眠医生先要深入患者生活，了解具体是什么原因在影响睡眠。然后，他们会帮助患者重新安排作息时间，养成好习惯，并辅以药物或保健品。一个睡眠治疗师通常服务于几个、十几个人，直到他们养成良好的睡眠习惯为止。

04 智能文身师

过去，人类制造出义肢、助听器、眼镜和假牙，用来弥补身体功能的缺失。后来又进步到往体内植入人造器官。现在，有些人已经不满足于此。他们要往本来健康的身体里植入一些东西，好让自己的体能超越普通人，这就叫“人类增强技术”（Human Enhancement）。这个词原本是医学术语，是指用技术手段恢复损失的身体机能。早期的植入物包括人造关节、人造心脏等，其功能都不如天然器官。所以，不会有哪个健康人故意往体内植入它们。

但是从20世纪90年代开始，人造植入物的功能逐渐胜过天然器官。原来不能植入的设备比如特殊芯片，也缩小到可以植入。于是，“人类增强技术”的含义变了样，指为了非医学目标来增强人体能力。

国内知名直播平台“欢聚时代”的创始人李学凌，就植入了身体指标监测芯片，以便随时了解与身体功能相关的数据。约有4000名瑞典人在食指里植入密码芯片，轻轻一碰，就能打开自家的各种锁。盗贼除非切掉主人的食指，否则永远得不到入户钥匙。

还有更为神奇的植入物。比如，有人在皮下植入微型LED。当附近磁场达到一定强度后，这块皮肤就会发亮，提示有强磁场。还有人植入方位指示器，面朝北极后，指示器就会在皮下振动。

有一种无线硬盘，植入者可以随身携带并用它下载电脑中的资料。当然，一般人不需要这种东西，但是对从事间谍活动或者转移商业机密的人来说，这就是安全保障。还有人研究眼部植入物，为的是能看到红外线或者紫外线，就像电影《铁血战士》里面的外星人一样。

在这个领域最激进的人希望植入芯片来改造大脑。论接收信息和加工信息的速度，我们的脑和100多年前的人脑完全一样，但是计算机诞生70多年，其运算速度已经加快了万亿倍。所以，一些人想让天然大脑的信息处理速度也跟上来。

这些高大上的技术和文身有什么关系？想植入这些小东西的人一般都很健康，所以专业医生不会提供这种服务，都由文身师和穿耳师完成。

目前，能植入的芯片只有米粒那么大，一般情况下植入食指或者虎口处，造成的创口很小，甚至植入时没有痛感。当然，以后可能会植入更大、更复杂的部件，位置也不限于手，很可能是后背、脚跟之类皮肤厚实的地方。除了那种能提升人脑信息处理速度的芯片比较专业外，其他都可以由文身师完成。

听说要把人造物植入身体，很多有技术恐惧症的人便会害怕。但也有相反的一群人，他们了解那些植入物的性质，反而追求这种植入。随着教育水平的提高，这群人的规模会越来越大，现在的法律也没有禁止对健康人体进行植入。

据说，国外有的文身师每周能做5单芯片植入。预计在将来，智能植入会成为一个独立行业，并且很热门。

05　基因测序员

2020年初，尘封28年的南京医学院女生被杀案告破，警方用DNA技术锁定犯罪嫌疑人。这个案件以前之所以迟迟不能破案，很大程度上也是因为DNA技术还不成熟。

而这个转变来自1990年启动的人类基因组计划，那是第一次对人类基因进行测序。包括我国在内，几个国家共投入30亿美元，还有大量科研人员进行合作，直到2001年才完成任务。

从那以后，基因测序的成本迅速降低，到现在只有每次1000元左右。基因测序技术成熟后很快进入很多领域。刑事侦查自然也不例外，近些年，DNA对比已经成为常规侦察手段。新冠疫情当中广泛使用的核酸检测也是基因测序。通过它，世界各国才能及时掌握新冠病毒的传播途径。

随着门槛的下降，基因测序在生物学领域开始大规模运用。世界上的生物种类约有870万种，已经发现并记录在册的约有120万种。也就是说，至少有120万种生物的基因可供人类检测。以前，生物学家通过观察生物的外部性状了解生物，现在很多科研人员纷纷转头去检测生物的基因，试图从根本上了解某种生物的生长机制，以及它的应用价值。

对古人类研究是基因测序的又一个运用方向。美国的一项研究表明，世界上有1000多万人是成吉思汗的后代。我国的研究也表明，拥有F115基因的刘姓人氏都是刘邦的后代。这种靠基因检测祖先的服务，预计会越来越兴旺。

当然，这种研究的目标不是做家谱，而是更多地了解古人类迁徙与融合的过程。比如，我们的祖先到底来自哪里？目前，基因测序的结果支持的是非洲。

基因测序也发展成为新兴的医疗服务行业，甚至在医院之外，已经存在高档会所式的基因测序机构。顾客在那里留下血液或者唾液，支付1000元左右，很快就能得到结果。目前，这种基因测序主要服务于遗传疾病的筛查。

美国影星安吉丽娜·朱莉通过基因测序，查出自己有患乳腺癌的风险，在没有发病的情况下切除了乳房。这是基因测序行业发展中的著名花絮。

现在，通过基因查出隐患，还只能以预防为主。未来基因疗法成熟后，遗传病能够通过基因重组进行治疗，可大大减少药物和手术的使用。到那时，会有更多的人，甚至绝大部分人都愿意做基因测序，成本也会降到一顿饭的价格。

我国主动接受过基因测序的人数超过100万，和14亿人口的基数相比不算多，但是2017年的数据只有30万人，可见市场正在迅速膨胀。即使不是为了防病、治病，基因测序的运用也会加强人对自身的了解。

未来，每个人都会有基因身份证。它完全无法伪造，甚至不必有实物，人们把手指放到检测仪器上，就能出现个人身份信息。诸如指纹、掌纹、虹膜这些生物信息，与DNA相比都会完全落伍。

那时候，我们的身体就是行走的身份证。

所有这一切，都建立在海量基因测序的基础上。所以，我郑重向你推荐这个有前途的职业。

06 海上防疫员

新冠肺炎流行期间发生过两个小插曲。一是各国邮轮纷纷被禁止入港，只能在海上漂流，有些船只因此暴发感染。二是美国两艘海军医疗船投入防疫，却没有发挥任何作用。

把这两条新闻放到一起看，会给人留下船只是防疫软肋的印象。其实，使用逆向思维后你会发现，船只恰恰是防疫的关键设备。它既能彻底隔离病人，又拥有机动性。只不过不能靠现在的这些船，必须专门打造防疫船。

美国军用医疗船在防疫中不起作用，原因在于这种船以收治战伤为主，并非针对传染病建造，没有负压舱室。邮轮上的人之所以大范围感染，在于使用中央空调。对于这两个技术缺点，设计专业防疫船时就可以避免。

我国一多半大城市不是沿海，就是沿江，万吨巨轮从长江上溯可以直达重庆。新冠肺炎疫情期间，武汉用10天时间搭建起两座专业医院，速度不可谓不快。但如果平时就有一艘有数百床位的专业防疫船，直接沿长江开过去，速度会更快。

如今，约30%的人类住在海岸线60千米内，约60%的人类住在海岸线100千米内，全球GDP最高的十大城市，有八座在海边。这意味着拥有直升机平台的专业防疫船可以调往世界各地，在传染病暴发时能“应收尽收”，彻底控制。

专业防疫船的设计可以参考我国海军“岱山岛”号，这是全球最大的专业医疗船。所谓专业，是指船体完全为医疗目的设计，而不是像美军医疗船那样，改装自其他船只。这艘船拥有运输病人的直升机位、吊篮、特制电梯等专门设备。

“岱山岛”号的正常排水量将近14000吨，拥有300多个床位，其中有10间隔离病房。由于还不是专业防疫船，设置的科室比较全面。如果完全为防疫目标制造一艘船，即使同样吨位，因为功能单一，床位数量还可以增加。

“岱山岛”号下水后便周游列国，也为一些贫困国家提供医疗服务，所以又被媒体称为“和平方舟”。未来的专业防疫船与此类似，它们下水后便游走海洋，奔赴各方执行任务。如果在某个沿海国家出现疫情，全球的防疫船能立刻集中起来，并控制疫情，因为机动性是防疫船最大的优势。

直到现在，各国都没有制造出专业的防疫船。不是缺乏技术，而是没有意识到传染病对全社会能产生巨大的破坏力，而且制造并维护这样一批船只的成本肯定很高。然而，新冠肺炎疫情的全球暴发充分说明，各国为切断传染病传播途径所付出的社会成本，远远高于装备和维护一批专业防疫船。

现在的海军医疗船没有常备医生，执行任务时要从陆地医院抽调医护。未来的专业防疫船会驻扎一批特种兵式的防疫人员，随船前往世界各地应对传染病。他们就是专业的海上防疫员，是全人类的抗疫战士。

07 精神病医生

很多地方都有精神病院，“精神病医生”也算新职业？

其实，现在的精神病学还不能准确诊断出精神病，更不能根治精神病，最多只能用药物缓解精神病的症状。精神科医生的主要职能是监护病人，防止意外。严格来讲，只是精神病人的看护员。我这里说的精神病医生，是指能像治疗感冒、腹泻那样，能对精神病作出治疗的医生。

精神疾病不同于心理疾病，一般认为它们都由生理病变造成。然而，精神疾病的致病机理目前仍不清楚。现在的精神科医生只能通过与病人谈话，或者观察病人的行为，判断其是否患有精神病，处于“望闻问切”阶段。其他医生使用的生理检测，目前对精神病没有什么用处。

对精神病的生理研究长期滞后，主要受限于它的特殊性。如果用实验动物做研究，研究人员可以发现动物的神经系统发生了哪些病变，但却无法得知这些动物的主观感受是什么。如果研究精神病人可以在谈话中了解他们主观世界的变化，但是又不能随便检查他们的大脑。至于脑电图检查，虽然对神经科有用，但对精神病的诊断作用很有限。

还有一种研究途径，就是当精神病人去世后，解剖他们的神经系统，看看和正常人有什么不同。目前已经用这些方法确认出一些精神症状对应的生理异常。但是还不能解答一个问题，病人是先有精神症状，导致生理异常，还是先有生理异常，后表现出症状？这需要在病人发病时检查他们的大脑，显然这种方法行不通。

正因为这些局限，在精神病学领域积累的很多症状很难找到病因，更不能对症下药。现有的精神药物多半只用于缓解症状，由于副作用大，经常遭到病人抵制。其他还有脑白质切除术、电击治疗等方法，因为痛苦大，作用不明显，已经被禁止。

即使出现了精神病症状，精神科医生也只能凭经验检查，不同的医生对同一个病人可能会作出不同的判断，准确率有时很低。

所以，精神病院更像护理机构。通过集中管理精神病人，减少社会负担。不过，随着核磁共振、近红外光谱技术这些非侵入式检查技术的提升，医学界离找到精神疾病生理原因的时刻已经不远。

未来，精神病人也会像其他病人一样，通过仪器精密的检查得到确诊。至于治疗，也可以使用非药物、非侵入式的方法。例如，英国牛津大学和伦敦大学的研究组使用“经颅随机噪声刺激术”，对25名测试人员的大脑进行轻微电击，以运算功能区为目标。结果，他们的运算能力明显高于对照组，效果可以保持半年之久。这类技术可以用于治理老年痴呆和中风患者。

数学运算几乎是最复杂的认知能力，能用物理手段提升这种能力，就有希望强化其他能力。最终，医生就能治疗智力低下等先天的精神疾病。

到那时，真正治病的精神病医生才诞生。

08 癌症护理师

人们长期谈癌色变。得了癌症就像被判了死刑，如果有人检查出恶性程度高的癌症后又能存活几年，往往会被称为“抗癌英雄”。笔者就有这样的朋友，他还接受了电视台的采访，但最后仍不幸离世。

当然，也有人通过与癌症病魔抗争延长了生存时间，但是要经历痛苦的化学治疗或者放射治疗，这个过程会导致脱发、不育、生活质量下降。

然而不知不觉间，我们的周围也有了很多癌症康复的患者。他们不仅能够存活，还能回到工作岗位。如果没有指明，别人都不知道他们患过癌症。更有人指出，几十年后癌症将成为慢性病，绝大部分癌症病人都会康复。

大规模治愈癌症不是靠某种特效药，而是靠医疗技术水平的整体提高，所以没有那么戏剧性，反而这个过程“润物细无声”。

首先要归功于早期诊断水平的提高。癌症患者在早期往往没有主观不适，等发现问题再去检查，很多已经发展到了中晚期。另外，体检普及也是重要原因。过去检测费用昂贵，普通人只有感觉生了病，才舍得到医院做检查。现在体检已经从医院中独立出来，成为一个行业。每年留出一定的开支做全面检查，已经成为很多人的消费习惯。而且，也有很多团体把体检当成福利进行发放。

因为有更多的人进行常规体检，癌症在早期被大量检测出的比例提高，从而提高了患者的存活率。比如，有部分高风险遗传患乳腺癌的女性为了预防乳腺癌而进行乳房切除手术。

治疗癌症的药物也在发展。英国曼彻斯特大学研究人员发现了一种“激酶抑制剂”，把它放到癌细胞与正常细胞混合的烧瓶中，癌细胞不会被杀死，但会停止繁殖。这种药不仅毒副作用极小，而且移除后，它的作用仍然能保留下来。

法国国家科学研究院的专家甚至发现，与癌症齐名的“魔鬼”——艾滋病病毒，也可以用于抗癌。他们通过基因技术改造艾滋病病毒，让它去激活抗肿瘤药物。这样，药物剂量减少到现在的1/300，但仍然可以达到同样疗效。接受化疗的病人就不用再经历痛苦的折磨过程。当然，这种改造过的艾滋病病毒对人体也是无害的。

诸如此类的新疗法不断产生，当癌症的治愈率达到90%，它将成为一大类慢性病，围绕癌症设置的医疗机制也会发生根本改变。

过去，大部分癌症患者会在比较短的时间内去世，而医院进行治疗的目标只是“延缓死亡时间”。从病人到家属，再到医生，认为完全真正治愈的希望很小。

未来，绝大部分癌症患者能慢慢地康复，再加上癌症是典型的中老年疾病，随着人均寿命的提高，癌症患者的总量也会上升。所以，未来社会可能会建设一批癌症疗养院，真正以治愈为目标。

一个人如果患上癌症，可能会请几个月“癌假”，到疗养院接受治疗后回归正常生活。也会产生一大批“癌症护理师”，他们除了辅助治疗，还要照顾癌症患者的生活，做必要的心理辅导，帮患者打消顾虑、树立信心，鼓励患者尽快回归正常生活。

09 外骨骼设计师

《机械战警》《喋血战士》这些科幻片给大家展示了这样一种可能，把机械义肢装在一个人身上，让他从此飞檐走壁，力大无穷。这种技术叫作机械外骨骼。

研制外骨骼技术主要有三个目标：

一是像科幻片描写的那样，让军人或者警察获得超过普通人的强大体能，甚至制造出机甲，由人在里面控制。不过，外骨骼其实就是穿在身上的机器人。以目前的机器人技术，完成各种动作都还靠刚性驱动，动作僵硬，远不能像人体那样灵活。所以，这个目标十分遥远。

二是服务于民用，帮助人们提高能力，减少体能消耗。比如，把外骨骼提供给地质勘探队员，帮他们翻山越岭，或者帮极地考察队员应付冰雪。同样受限于前面提到的理由，这个目标也比较遥远。

所以，目前外骨骼技术最好的应用领域是医学，用于帮助老弱病残恢复行为能力。这些病人不需要做复杂的动作，只需要恢复患病前的基本能力。现在的机器人技术已经足以实现这个小目标。

眼下，中风后的康复是外骨骼运用最多的领域。生活中我们总能在街头看到努力恢复行走能力的中风患者，其中有很多还是在壮年。据统计，有六分之一的人会在一生的某个时刻中风，这可不是个小数字。所以，靠机械手段帮助中风患者康复，是一个巨大的潜力市场。

现在，康复用的外骨骼很贵，要花费十几万到几十万美元才能购买一台，所以主要由医院购买，租用给病人。不过，我国自主研发的“行走机器人”已经投入医院测试。

斯蒂芬·霍金自从患上肌肉萎缩症后，一直在轮椅上与公众见面。如果有成熟的外骨骼技术，他就能站起来和大家互动。而且患有这类疾病的人，终生都需要外骨骼服务。

老年人的肌肉和骨骼萎缩，行动能力下降，外骨骼助力器可以帮助老年人缓解这个问题。这里提到的老年人并非指病人，而是指希望像青壮年那样行动的老年人。比如，有的老年人可能希望去登山，或者深入溶洞探险，甚至做年轻时没机会进行的冒险。这些老年人也是外骨骼服务的重要客户。

目前，阻碍外骨骼技术发展的一个瓶颈是能量供给。作为一种要贴身运动的机器人，不能时时插电，只能使用电池，而现有电池的最长供电时间只有两个多小时，显然使用者无法在清醒时一直使用外骨骼，必须经常脱下来充电。

不远的将来，外骨骼的体积会大大缩小，甚至能够穿戴在衣服里。随着我国进入老龄化社会，设计外骨骼，加工制造，出售和售后服务，形成一个产业链，将会大有前途。

10 胎儿孕育师

一名女性从怀孕到生育，再加上身体复原，至少有一年时间不能正常工作。而适合生育的年龄段，也往往是职业上的关键期，生育成为女性承受的重大压力，所以不少女性担心耽误工作，选择推迟生育，有的甚至不敢结婚。

能不能让胎儿离开母体孕育？其实，大部分养鸡场为了提高孵化率，都会使用人工孵化技术。鸡蛋在孵化箱里孵到21天，小鸡自动出壳。这是间接的离体孕育技术。

当然，鸡是卵生动物，人们使用技术手段代替母鸡相对容易，而适用于胎生动物的技术研发就会困难很多。1985年，日本东京大学妇产科副教授原桑庆纪完成了世界首例人造子宫实验，实验对象是羊。他们将8个山羊胚胎放入人造子宫，当时这些胚胎的平均存活时间为3天。这类实验发展到今天，已经可以让羊胎完成整个孕育过程。

作为人造子宫技术应用的第一步，这项技术只服务于早产儿。全球每年出生约2000万例早产儿，最小的只有手掌大小，保温箱都不能保证让他们存活。很多早产儿即使存活下来，也会终生患有肺部疾病。有了人造子宫，就可以让这些早产儿继续孕育，直到他们成熟降生。

另一方面，人造子宫可以繁育濒危物种。人类已经有足够的环保意识，不会乱捕滥杀，但是野外环境本身会导致动物胎儿的高死亡率。2005年，澳大利亚科学家便尝试在人造子宫内培育沙锥齿鲨。

现实中已经有了间接的体外孕育，就是代孕，不愿意自己生育的母亲可以借腹怀胎。然而，人类子宫对胎儿来说，本身就不是非常安全的环境。有的女性子宫畸形，这类约占女性不孕症的30%。还有一种情况是，精卵结合后没在子宫上着床，随着女性经血流出，称为“生化流产”。即使着床，自然流产率也有百分之十几。

在怀孕期间，如果母亲吸烟、喝酒、服用药物，产生的毒素会通过脐带进入胎儿体内，并构成威胁。母亲怀孕时需要适量运动，如果置身于放射性环境，暴露在有毒的化学物质中，或者遭遇传染病，都会对胎儿产生不利，而且偶遇的摔跤、碰撞等物理损害也会影响胎儿的正常发育。总之，相当一部分先天性疾病不是由于基因缺陷导致，而是在孕期受到来自环境的损伤。

未来的人造子宫可以免除上述危害，比天然子宫安全得多。从长远来看，人类要征服太空，成为宇宙居民，在充满高能宇宙射线的太空环境里，体外孕育比天然子宫更安全。

另外，人造子宫还有利于胎儿及时手术。过去，只有胎儿生下来，才知道他是否畸形。现在虽然有了相应的检测技术，但即使查出胎儿有问题，也无法处理。

2019年，美国克利夫兰诊所成功实施了全球首例胎儿手术，为一个胎儿修复脊柱裂。他们划开母亲的腹部和子宫，做了一个类似剖宫产的切口，之后实施相应操作，最后进行缝合。如果胎儿生长在人造子宫里，不仅可以及时发现缺陷，也方便及时手术干预。

人造子宫的优点很多，但是需要有人时时监测和管理。未来社会需要一批胎儿孕育师，他们随时观察胎儿的生长状况，调节环境因素，直到将小宝宝成功地送还给父母。

11 老年人能力评估师

这个职业已经成为现实，但是将随着时间的推移人数会越来越多。2020年7月，“老年人能力评估师”正式进入职业序列。而在这以前，有些地方就已经开始对这门职业进行培训。

衰老是一个失能的过程，视力、听力、肌肉力量、内脏功能……老年人不断失去各种能力。以大腿肌肉为例，到了50岁，就比巅峰时期萎缩大概四分之一，所以有“人老先从腿上老”的说法。

于是，对老年人进行能力评估成为一种刚需。只有知道自己身体的真实情况，老年人才能更好地规划生活，社会也才能更好地为老年人服务。

目前，老年人能力评估师主要供职于养老机构。大型养老院要对老年人进行划分，基本分成“独立生活”“协助生活”和“全程护理”三个层次。每个层级的护理工作会增加内容，成本和收费也会相应提高。

最初，养老院只是凭经验进行划分，并且主要由老人的家属自己选择。他们希望给老人提供哪个级别的服务，养老院就照此办理。这样的划分缺乏科学依据，“老年人能力评估师”这个职位就应运而生。

这些评估师不是医生，主要不是用仪器检查身体，而是在现实情境中检测老年人的各种行为能力。从言谈举止，到反应速度，甚至会检测能不能从地上拾起一件物品。评估师也不像心理咨询师那样，会拿出一张表让老年人填写，而是把能力评估分散在日常生活中，结合生活情境进行考量。整个评估过程要求自然顺畅，甚至老年人未必意识到自己正在被评估。

随着养老机构的发展，连锁经营的大型养老机构会设置专门的老年人能力评估师，小型养老院会临时邀请专业评估师入场，以按时收费的方式进行评估。

从医学角度来看，老年人能力评估代表着一种“医学前置”的过程，也就是把医学知识的运用从治病环节延伸到早期检查。衰老并非疾病，老年人自己很少为此登医院的门。而老年人能力评估师由于深入他们的日常生活，可以从失能现象中发现病变，比如癌症、阿尔茨海默病等，从而提高老年疾病的确诊率。

从老年人自身角度来看，他们对衰老通常有一个接受过程。很多老年人对自己身体的认识会滞后于衰老过程，仍然会以筋骨为能，试图从事青壮年人的行为，导致伤病事故。对不去养老院的老年人进行日常能力评估，也会帮助他们认识失能过程，提前安排新的生活方式。

我国即将迈入老龄化社会的门槛，非常需要这个职业。笔者也即将成为老年人，所以非常关注这个职业。现在，专业或兼职从事老年人能力评估的只有10万人，未来将需要150万人，存在着巨大的岗位缺口。

12 高危职业——按摩师

1962年，日本人发明了最早的自动按摩椅。经过技术升级，20世纪90年代出现了目前这种结合滚动与压挤的按摩椅。

也就是在那时，就有人讨论机械按摩能否取代人工按摩。如今，共享经济与机械按摩开始结合，在很多公众场所摆上按摩椅后，按摩师的危机感更为明显。

通常认为，按摩是一种理疗手段，是以治病为目标的，所以按摩师也要会诊断。这些都是按摩椅不能完成的。然而，现实的按摩需求中，大多数都与治病无关，只是为了日常的放松和减压。十几年前笔者自家买了一台，身为“职业坐家”，这台按摩椅主要由我使用。一旦写得头昏脑涨，就坐上20分钟，非常管用。

按摩椅很笨重，不能随便移动，这也是它不如按摩师的地方。不过，机械按摩技术已经远不止按摩椅一种。比如头部按摩机，就像头盔一样，而且携带方便。还有一种空气按摩服，人们可以像穿裤子一样把它套在腿上，只做脚部和腿部的按摩。

按摩师的另一个优势是能够提供个性化服务，比如，根据顾客的要求调整力量。早期的按摩椅角度固定，不能根据顾客的体型进行调整。后来的按摩椅发展到可以检测体型，之后适当调整角度和力量。最近，英国普利茅斯大学研发出按摩机器人，进一步提高了机械按摩的个性化水平。

人类有一双灵活的手，按摩椅只能做大面积的滚动和挤压，这曾经是按摩师的优势。然而，2018年，国内就有公司研制出仿真按摩机械手，不远的将来，现在作为主流的按摩椅都会变成老古董。

技术进一步发展后，机械按摩还能实现人工按摩达不到的效果。有一种零重力太空舱，顾客钻进去，用气囊包裹全身，通过气压脉冲同时做全身按摩。而按摩师只有一双手，按摩完上肢才能按摩下肢。不仅如此，这种太空舱还能让腿部位置高于躯干，让身体更加放松和舒适，而且还能升温，将按摩与热蒸结合起来。

技术能够不断进步，按摩师却很难再有提升。每位按摩师都需要经过长期培训才能达到熟练，这是按摩价格居高不下的一个重要原因。机械按摩省去了这个环节，拿来就能用。另外，按摩师属于人工服务，收入水平与社会平均资薪相关。机械按摩只要数量大，价格就会下降。

由于投入成本高，人类按摩师的服务通常以小时为单位。机械按摩却可以短到只做几分钟服务。另外，按摩师会疲劳，每天可以服务的时间和数量有限，机械按摩不会疲劳，可以循环使用。

正是由于上述原因，人工按摩的价格基本不会下降，反而抑制了社会的按摩需求，导致目前按摩还属于半高端的消费。疲劳的学生，辛苦的民工，贫困的老人都不能享受。现在按摩机械产量还不高，费用也只比人工按摩稍低，但只要按摩需求被释放，有量产的前提，机械按摩的价格会大大低于人工。

13 高危职业——手术医生

在科幻片《普罗米修斯》中，女主被异形侵袭。她自己爬进手术胶囊，操作机械手开刀。剖出腹中的异形，再做缝合，当下就能从胶囊中爬出来行走。这个惊心动魄的情节向观众展示了自动手术的远景。

严格来说，手术不是一份职业，而是医生的一项技能。从长远来看，机器人会代替大量手术工作，医生也将远离手术台。

手术是人类医学的巨大进步，然而由人类医生做手术，存在很多先天局限。人类只有两只手，需要协同时就得派几个人，产生交流问题。机器人没有这个限制，有的手术机器人已经有7只机械手。

病人体内空间狭窄，人手拿着手术刀在里面操作很不方便。机械手就不同，可以在两三立方厘米的空间里做手术。人的视力有极限，更不用说医生还可能患有近视。机器人则可以将三维画面放大10倍，便于做精细的手术。

有些手术时间长达几小时，主刀医生会因疲劳导致准确度下降，甚至出现手术事故。机器人没有这个缺陷。而且医生各自的经验不同，比如偏远地区的病人就不太可能遇到手术经验丰富的医生。

由人做手术，为了方便观察和操作，必须在皮肤表面切出很大的口子，病人通常需要几天或十几天才能康复出院。由机器人做同样类型的手术，创口只有人类医生的几分之一，在很短时间内就能出院。

有了这些明显的优势，医学界很早就在研发手术机器人。第一台手术机器人出现于1985年，它最初由工业机器人改装而成，是一项典型的“医工结合”产物。目前，手术机器人由工程专家来制造。国内研发手术机器人的机构在北京航空航天大学、北京理工大学、哈尔滨工业大学这些院校。但是，手术机器人的研发团队必须有医生参与，说明手术的具体步骤。

由于机器人有这么多优势，利用机器人做手术的疾病越来越多。最初，它们只能做前列腺手术，后来发展到心脏外科、阑尾切除、牙齿重建。每过一段时间，就有一种传统手术可以交给机器人操作。

目前，手术机器人还不能像《普罗米修斯》里描写的那样做到全自动，还需要医生在一旁操作，实际上只是“遥控手术机”。不过，人类的反应速度是有极限的。在车祸、爆炸事故或者战场上，有些病人需要快速处理，人工通常达不到要求。

最典型的例子要属人头离断术。如果一个人身体基本报废，但是头颅尚存，可以选择一具功能完好的尸体进行移植。前提是要在几分钟内就把气管、血管和神经都缝合，否则人头就会死亡。这是手术界的最尖端领域。

现在，医学专家在两具遗体上做人头离断手术试验，完成一次要花十几个小时。可见，如果没有手术机器人参与，人头移植永远不可能实现。

第二章　与工业有关的职业

弥漫的烟尘，刺耳的噪声，这是现在很多人对工厂的印象，以至于年轻人普遍不愿意从事与工人这个称呼相关的职业。不过，在未来人们会遇到完全不同的工厂。它们不再占用大量的土地，不再消耗大量的资源，而且机器运转起来可能会很安静。同时，产品质量和功能完全超过现在。

01 绿叶制造员

我们能活着，需要依靠体内的生物能量，当能量消耗到一定程度时，就要通过进食补充能量。我们吃的粮食、蔬菜，还有肉类，里面的能量最终都来自光合作用，来自太阳能。

今天，人类社会的运转主要依靠化石能源，包括煤、石油和天然气，它们由古生物的遗体转化而成。这些能源其实也是古生物通过光合作用转化的太阳能。不过，这些能源从采掘、运输到使用，最终的利用率只有百分之几。

当然，我们现在也可以用太阳能电池板，将太阳能直接转化成电能。但是，目前实用的太阳能电池板的转化效率也只有大概10%。

然而，植物的叶绿素几乎可以将照到叶片上的太阳能进行全部转化！

人类一年使用的全部能量，只相当于地球一小时接收到的太阳能。所以，我们周围不是没有能源，而是缺乏更有效的能源利用手段。向植物学习，研究人工光合技术，就是一条有效的途径。

光合作用可以把水分解成氧和氢。对植物来说，它们释放氧气，通过化学反应把氢固定在体内。人工光合作用则通过释放氢气，把太阳能转化成氢燃料，后者不仅热值高，而且燃烧产物是水，非常环保。

如果氢燃料能够大批量生产，便可以部分取代化石能源。更棒的是，光合作用不仅能转化太阳能，还能从空气中吸收二氧化碳，释放氧气。这样，其他工厂排出的二氧化碳，正好是人工光合技术的原料。如果这种技术得到普遍应用，困扰人类的碳排放问题就多了一种解决办法。

其实，人工光合技术的原理并不复杂，从20世纪70年代起，科学家就开始研究人工光合作用。不过，毕竟不是天然的光合作用，所以需要加入很多催化剂，并且需要消耗能源以维持高温高压，整个过程看起来更像化工厂在生产，而不像植物那样“悠然自得”地就完成了光合作用。

当时人工光合技术的能源转化率很低，生产氢气的价格是使用传统方式的十倍以上，所以迟迟不能量产。但是，各国团队仍坚持不懈地研究，目标是让材料更便宜，并且能在室温下进行。

比如，美国加州大学的研究人员用硅和氧化锌制造出“纳米树”，把它插在水里，阳光照射后就能产生氢气。英国人有个“人工叶”计划，设想用一片人工叶分解几升水，这样就能满足一个家庭一天的能源需求。韩国科学技术院的专家制造的生物光电板也能把太阳能转化成电能。

我国在这方面的研究也不落后。中科院理化技术研究所的吴骊珠院士专攻这门技术已经有20多年，而且取得的相关技术指标目前保持在第一梯队里。

这么多团队一起努力，相信在二三十年内，生产人造绿叶会是非常有前途的行业。到那时，城市里遍布人工草皮，很多建筑物的外墙贴着人造绿叶。它们不仅能发光、产氢、生电，而且赏心悦目。未来，“雾霾”将成为历史名词，人们只有写回忆录时才会提到它，而且为了恢复自然环境，很多油田和煤矿会封闭起来。

而你，很有可能成为一名绿叶制造员。

02　柔性工人

曾几何时，“流水线”意味的是高速度和缺乏个性。当人们对批量产品开始厌倦后，“纯手工”制造便成为宣传口号，甚至出现在汽车——这种典型的工业品中，比如劳斯莱斯也会包装几辆“纯手工打造”的车出售。

让产品尽可能符合每个客户的需求，这叫产品制造中的柔性，这种特性与生产率历来都成反比。工业革命前，从服装到家具，都是工匠为具体某个客户来制造的。他们需要与顾客沟通，了解具体需求。这类产品富于个性，但是产量极低，普通人用不起。工业化的批量生产大大降低了产品价格，使得普通人用上过去贵族才能用的东西，而代价就是缺乏个性。

工业化大生产甚至改变了人们的消费习惯。比如，以前人们先会购买布料，然后找裁缝量身定做，现在则以到商店购买标准尺码的服装、鞋帽为主。其实，它们只是大体上合身。

工业化生产更决定着工人的操作模式。在批量化的流水线上，工人长时间生产同一型号的产品，操作模式几个月甚至几年都不变，劳动技能被降低，工作主动性也相应下降，工人更像机器的一部分。

人们不是不想在工厂里提高生产的柔性，但那就需要不断变化模具、调整机器孔径，结果是影响了生产的连续性。由于要不断调试，重启机器，它们的安全性能也会下降。所以在自动化控制出现前，人们的选择还是牺牲产品个性，优先考虑产量。像卓别林在《摩登岁月》里表演的那样，工人成为拧螺丝的机器，这是对刚性流水线生产的讽刺。

1954年，美国麻省理工学院研制出第一台数字控制铣床，标志着柔性生产的开端。20世纪70年代初，柔性自动化走出实验室，进入工厂。不过，随着美国去工业化，这种由美国发明的新型生产模式在其他国家开花结果。现在，我国是全球最大的柔性生产基地。

与汽车、电脑这些产品相比，人们对服装和家具的个性化要求更高，这两个行业也最大化地转向柔性生产。文化衫就是最早的柔性生产产品，20世纪80年代，人们就开始在文化衫上印制各种文字。当然，印字很简单，街头小贩就能操作，但款式和尺寸还是要经过批量化生产。如今，服装厂也能以一件为起点接受订单，成为自动化裁缝。

改革开放之初，木匠是首批富起来的人之一，他们为很多有需求的家庭打家具。后来，家具生产迅速工业化，传统木匠被淘汰，而代价是产品的“千篇一律”。如今，很多公司可以根据定制要求，像搭积木一样拼装家具。

甚至，最流水线化的可口可乐公司也开始柔性生产。当然，饮料瓶的大小还是一样的，只是外包装上印有的文字不同，类似于文化衫。

所有的这些改变，都会增加人工操作的难度，必须经常调整机器，但同时这种改变提高了工人工作的主动性和积极性。

03 增材制造师

或许你已经看到过3D打印机，见识过被它们打印出来的小玩意。不过在将来，3D打印可不只是单纯地做几个纪念品。你身边的一切，从家电到自行车，再到房子本身，都有可能是被打印出来的。

其实，3D打印是一个更大技术领域的组成部分，这个领域叫作“增材制造”。在计算机的控制下，通过挤压、烧结、熔融、喷射、光固化等过程，把原材料变为成品。在这个过程中，成品仿佛是一点点长出来的，增材制造很形象地概括了这个过程。

与增材制造对应，传统工业是“减材制造”。我们从矿石中炼出金属，再通过切削等方式，把金属坯加工成零件。每进行一步，原料的质量都在减少。不算不知道，一算吓一跳。据统计，人类每年使用的各种原材料约有4000亿吨，而成品只有40多亿吨。每生产出一部精致的手机，就有相当于90多部手机的原材料被扔掉。巨大的资源消耗与环境污染就是这么产生的。

3D打印正好相反，它把原材料以粉末或者丝状物喷出去，一层层增加，其消耗远比传统工业少。当然，这些原材料和3D打印机本身，还需要用“减材”工艺制造，但整体算下来，资源消耗比先前减少了很多。

德国人把3D打印技术叫作“直接制造”。因为传统工业要用零件组装成品，需要铆接、焊接，而3D打印直接把成品塑造出来，浑然一体，减少了因拼接造成的强度下降，这是3D打印的另一个优势。

自3D打印技术发明以来，人们就在不断突破它的尺度上限。目前，利用这种技术打印出的最大物品是房子，一天可以打印出30多平方米，并且使用普通水泥为原料。由于打印机的体积有限，目前还不能打印楼房，只是实验性地制造小型临时住房。

3D打印的目标并非只是越来越大，而且会越来越小，甚至有人研究如何用3D打印技术来打印芯片。

最初，3D打印只能使用金属和无机非金属材料。后来，生命组织也成为3D打印的材料，我国研究人员就用3D打印技术制造出了人工血管。

3D打印把原材料堆积为成品，强度上还有缺陷。另一种增材制造术是用激光或者离子束，直接把原料切割为成品。看上去仍然是在减材，不过由于压缩了组装工艺，原材料的消耗大大减少了。

比如，机翼里面包含油路，结构复杂。传统上必须先制造出很多金属板和零件，再把它们组装成机翼。现在可以在计算机的指挥下，用激光直接从材料中镟出一片机翼，其中包含里面的油路，浑然一体，能节省三分之二的材料。我国未来的客机C919，很多大型结构都要用增材制造术。

增材制造的范围越来越广，会逐渐代替传统工厂。由电脑设计、指挥，增材制造还能在很多领域消除批量生产，让人们定制个性化产品。

未来，增材制造师将集中出现在工厂里面，他们既是工人也是技术员，是脑力劳动和体力劳动的结合者。他们帮助用户设计，然后直接打印成品。

04 燃料酿造工

今天，人类的生产生活方式由煤、石油和天然气支撑，它们都是化石燃料，由远古生物的遗体经历上亿年转化而成，用一点少一点，所以也叫作不可再生资源。然而，我们周围有很多“植物废料”，如果直接把它们变成化石燃料，岂不是一举两得?

农民辛苦一年，所产生的大部分生物质并没有价值。植物秸秆可以用作柴草，但属于高污染物。几年前北方出现严重的雾霾天气，其中一个重要原因就是农民焚烧秸秆。农作物加工过程中会产生花生壳、甘蔗渣、木屑等废物，酿酒、制糖等工业还会排出含有大量生物质的污水。

据统计，这些废料占据了人类废弃物的70%，而其中的三分之一是我国产生的！科学家早就想着如何变废为宝，其中一个办法就是用酿造法把它们变成燃料。这门技术称为“生物质高值化利用”。

在这个方面，木质乙醇已经商业化。乙醇就是酒精，以前主要用粮食发酵产生。虽然商店里的白酒琳琅满目，但是做燃料可远远不够。工业乙醇得用廉价的木渣和秸秆来酿造。目前在美国，汽车使用的燃料中乙醇已占1%。

不过，乙醇的能量密度比汽油低35%左右，而丁醇与汽油差不多，将生物丁醇与汽油混合后用于汽车行驶，能比使用传统燃料多跑约10%的路程。所以，生物丁醇将成为下一个燃料酿造重点。

以氢为原料的燃料电池，被视为更有前途的能源。它可以驱动电动车，并且不会产生污染。于是，用生物废料酿造氢气，便成为一个科研热点。使用的原料包括制糖业、豆制品行业、乳制品行业、淀粉厂和酿酒厂产生的废水，甚至牛粪废水，这个过程完美诠释了什么叫变废为宝。

那么，能不能直接酿造类似石油的产品呢？确实有科学家在打这个主意。东南大学能源与环境学院的肖睿教授与美国麻省理工学院合作，发明了一种方法，可以将生物质转化为石油化工原料，包括乙烯、丙烯、苯等。目前，这些化工原料都来自化石燃料，用新方法制造的化工原料虽然不能当作燃料去烧，但可以替代相当一部分石油。

上述燃料酿造技术，使用的并不是天然细菌。它们都是通过基因工程加以改造，其转化效率足够达到工业化水平。

燃料酿造要在大型金属罐里安静地进行，从外面看去，燃料酿造厂很像啤酒厂。与规模庞大的煤矿、油田和气田相比，燃料酿造几乎不占地，可以直接建在城市郊区，这样能避免跨洲越洋运输化石燃料带来的危险。

燃料酿造还具有环保价值。化石燃料包含着远古生物固定太阳能埋进地下的煤炭。把它们挖出来烧掉，就会额外增加碳排放。而酿造燃料中的碳形成于当前的自然循环，燃烧它不会带来额外的碳排放。

美国能源部公布了这样一个目标，到2025年，四分之一的工业化学品通过生物过程制造。当然，我国也不会落后。在不远的将来，守着一排金属罐，当一名燃料酿造工，会是相当有前途的职业。

05　集成建筑师

提起建筑工地，多数人会联想到尘土飞扬，泥水遍地，噪声轰鸣。建筑工人曾经被认为是低知识群体，以至于有的人会讽刺他人说“快回去搬砖吧！”不过，这样的建筑工地可能会在一两代人之内消失，集成建筑正把建筑工地变成组装工厂。

2010年，湖南远大公司在长沙建成了“新方舟酒店”。30层的楼仅用46小时完成主体，90小时装修，整个工程大概用时15天完成。这个轰动世界的奇迹展示了集成建筑的威力。这栋楼以纯钢为主体，它实际上是一座由外装修包裹的钢塔，其全部主体结构和每个房间都在工厂里压塑成型，最后运到现场安装。

工期短是集成建筑的另一个优点。即使把在工厂里制造模块的时间都算上，修一幢使用面积相同的楼，集成建筑工艺比传统工艺减少很多时间。这在人工成本越来越高的中国，具有很大的优势。

在欧美国家，由于人工费用越来越高，从20世纪70年代开始就流行自建自修。城里人买块地，像农民那样自己盖房。从某种意义上说，这实际上恢复了小农时代的低效率，同时增加了环境负担，而且盖起的房子并不结实耐用。集成建筑大大压缩了劳务成本，但可能会在发达国家逆转这个过程。

集成建筑可能是建筑师的噩梦，它搞不出个性化的造型，完全是工业流水线产品。所以，集成建筑工艺不会用于建成高精尖的豪华建筑、大型商场或者科研建筑，但对能够大批量模块化制造的普通居民楼来说，集成建筑可以显著降低建筑成本，并且容易在房间里附设各种技术，从而提高楼宇的智能水平。

集成建筑特别适合贫困地区，或者向贫困国家出口，帮助当地人迅速拥有住房。对那些生活在孟加拉国、印度和巴西圣保罗贫民窟里的人，集成建筑更容易帮他们早日搬进新楼。

“新方舟酒店”又叫“远大低碳新方舟综合示范楼”，这个名字也道出了集成建筑的另一个优势，就是环保。因为大量工作在工厂里完成，工地不再尘土飞扬，甚至是先把每个房间的水、电都装配完成后，再拉到现场按照图纸进行组装。传统建筑要搅拌泥浆，属于湿法建筑，消耗大、工期长、污染高，是城区粉尘的主要来源。而集成建筑是干法建筑，周期短，工作环境干净。

集成建筑大量使用钢铁，而我国恰恰生产了全球大概60%的钢铁，所以原料十分便宜。由于集成建筑是用纯钢建筑，所以既安全又耐用。“新方舟酒店”能抗八级地震，能持续使用数百年，这都是传统钢筋混凝土建筑达不到的。

未来将出现新一代集成建筑工，他们的任务就是把成型的房间运到工地，然后拧螺丝。以前，建筑工人需要在外墙上爬高，工伤事故时有发生。如果改用集成建筑，其安全程度会大大提高。

06　制碳工

通体乌亮的歼-20，给人们留下了碳纤维的初步印象；汽车赛道上通体乌黑的赛车也是由碳纤维材料打造而成。而在现代生活中可能用到的高尔夫球杆和钓鱼竿，也使用了大量的碳纤维。

在家里，你也能找到碳纤维电暖器。在韩国还举办过碳纤维家电展览，展出的所有家用电器的外壳都是由碳纤维制造而成。

爱迪生研制电灯的过程中，曾经用竹碳丝制作灯丝，那是最早的碳纤维。

20世纪50年代，美国人发明出高强度的碳纤维。

20世纪70年代后，碳纤维开始应用于工业制造。

碳纤维的强度是钢铁的数倍，而比重只有钢铁的四分之一，比铝都小。它的耐高温性能更是超过其他所有化学纤维，甚至可以用作火箭喷口。这么好的材料，人们当然希望把它应用在各种地方。

如今，从汽车到家用电器，周围很多用品的制作材料主要还是金属，而未来会越来越多地使用碳纤维。

另外，碳纳米管和石墨烯也有极大的工业潜力。

然而，阻碍碳纤维普及的最大障碍还是价格。现在，一吨航空航天用碳纤维需要100万元，一吨车用碳纤维需要10万元。

价格高必然导致用量少，维修困难。一辆普通汽车发生擦刮，随便哪个汽修厂都能解决。而如果一辆碳纤维车的外壳破损，就只能更换全壳。

现在，日本生产全球70%的碳纤维，而宝马公司是碳纤维的最大用户，一年能用掉上万吨。新兴的风电机密布全球，它的叶片需要使用高强度材料，会成为碳纤维的新用户。

由于价格高，目前只有军事、航天等领域大量使用碳纤维。不过没关系，铝刚发现时也比黄金贵。但只要人类对一种材料有需求，就会有人钻研如何提高产能。特别是我们中国，由于产业链完整，不管什么高精尖的发明，都能大大压低它的价格。

1962年，我国和日本几乎同步开始研究碳纤维技术。直到十几年前，我国碳纤维产量还不到全球1%，火箭、军用飞机这些领域使用的碳纤维高度依赖进口。如今，我国碳纤维企业的数量已占全球七成，整体产能也位居世界第三。

现在，全球每年消耗碳纤维近10万吨，还远远不能与将近19亿吨的全球粗钢产量相比。然而，碳纤维会从高端到低端，逐个领域地扩大用途，最终走进千家万户，成为人类新材料的主力。

所以，希望你从现在就留意碳纤维制造业，因为如果去某家碳材料公司当“制碳工”，就说明进入了一个年增长10%且连续增长几十年的行业。

07 菌丝制造工

提起真菌，你可能会想到霉变的食物，或者让人讨厌的脚气。当然，作为抗生素原料，真菌也能给人类造福。

在不远的将来，除了可以吃的蘑菇和制药以外，真菌还会有更多的作用，那就是直接作为材料使用。

真菌细胞壁的主要成分是甲壳素或者纤维素，前者也是甲虫或者虾类外壳的主要成分，后者是木材的主要成分，它们都有很高的强度。但随着环保意识增强，人类更希望绿树成荫，而不是把大树砍掉做材料。

相对而言，真菌生活在阴暗潮湿的地方，靠动植物产生的废料为生，所以大规模生产真菌材料不会带来环境问题。

1907年，第一种塑料酚醛树脂诞生，在一个世纪多的时间里，塑料给人类带来便利的同时，也造成了严重污染，其主要原因是塑料难以降解。而所有真菌材料都可以降解，甚至真菌本身就在降解其他生物成分。所以，真菌材料有望大规模代替塑料。

制造真菌材料，主要是使用它们的菌丝。人们先制造真菌的培养基，把菌种掺在里面，放入固定模具后，菌丝开始按照一定形状生长。等到充满模具，再用高温杀死真菌，烘干菌丝，就制成了有固定形状的材料。

用于培养真菌的材料可以是农产品加工后产生的废料，比如木屑、麦壳、稻壳等，这些废料如果不用于培养真菌，其利用价值极低。而且真菌不需要光合作用，在阴暗的空间里就能生长繁殖，不占用田地和大部分建筑空间，可以选择地下室、废仓库、岩洞等。

培养真菌材料还可以节省时间成本，和残留在餐具里的霉菌一样，真菌材料仅几天就能生长成型。所以，真菌是变废为宝的典型。

美国纽约的"生态材料公司"从2006年建立后，不断寻找真菌材料的用途。他们已经用模具培养出真菌餐具和真菌家具，最夸张的是他们制造出一架真菌无人机。

当然，只有机身是用真菌材料制造的。但是能让一架"活飞机"腾空而起，已经是不小的奇迹。

真菌容易降解，反过来就意味着它的抗腐蚀性不足，用真菌制作的容器容易破损。所以，真菌材料的主要用途是取代一次性塑料制品，随用随弃，暂时还不会取代塑料门窗这些耐久性物品。

不过，塑料制品造成环境污染，主要原因是大量使用一次性塑料制品。所以，真菌材料的环保价值十分巨大。

怎样做一名菌丝培养工？我想，可能与种蘑菇的师傅差不多。这个职业的体力消耗不大，需要经常观察菌丝生长，用机械手法翻动培养基。

在这一章里面，除了技术，你还应该关注未来工业的生产环境。从增材制造、燃料酿造、制碳，到真菌培养，未来很多工业生产不再是震耳欲聋，喷云吐雾，而是静悄悄地完成。而且它们需要更多的知识，而不是更多的体力。

或许，新技术能再次把有知识的年轻人吸引回工业领域。

第三章　与农业有关的职业

高科技，高投入，大产出……

用这些词形容农业，可能有很多读者不适应。然而，我国农业很快会变成某种新型工业，可以称之为“食品和经济原料生产业”。它们的从业者，肯定也不再是传统意义上的农民。

01 农田管理员

“锄禾日当午，汗滴禾下土”，是之前人们对农民劳动的普遍印象。如果将来你再读到这类诗句，就必须更新认知，因为未来农民的劳动方式会发生很大改变。

以手工方式务农的前提是无法使用农业机械。如今，我国有半数农田已经被改造为高标准农田。到2022年，将有10亿亩（1亩≈667平方米）农田升级为高标准农田。到那时，我国的大部分耕地成为高标准农田，我国也将是全球最大高标准农田拥有国。

所谓高标准农田，就是经过大量基础改造的农田。它们集中连片，平整如画，修整过程中使用了大量的高科技手段。比如激光平地机，使用时在地头架设激光器，发射旋转激光束进行校准，在激光束引导下平地机自动作业。而靠人的眼睛和手，永远达不到机器平整的效果。

不仅农田本身如此，其他辅助设施的修建也发挥了很重要的作用。比如，通往农田的路都是水泥路，方便农业机械进出；灌溉用的水渠也用水泥修建，可以减少渗漏；很多农田使用喷灌，使用无人机喷洒农药，会大大减少资源消耗和污染。

在高标准农田里工作，从播种到收获，基本实现了机械化。到那时，锄头只能进入历史博物馆，或者摆在人造景点里供游客们怀旧。

在另外一些地方，农田被普遍建成能控制温度的大棚。大棚有保温罩，夏天卷起，冬天放下，用机械操作完成。由于大棚能制造人工小气候，相当程度上可以避免靠天吃饭的被动性。

不光是平原上的田地能如此建设，山区同样可以。笔者曾经路过云南，当地人介绍说，有些公司租下山地，投入几千万元架设水网，种植香蕉，工人只要操作电钮就可以完成灌溉。

如此大规模地改造农田，靠一家一户的力量肯定不行。为此国家每年投入数百亿补贴，同时开发出大量先进的农业机械。可以说，未来农业将是高科技应用的一个主战场。

随着农田向高标准转化建成，农民也将转化成农田管理员，工作过程就是按按电钮，看看电脑上的各种监测图表，他们的劳动强度会大大下降，但要求的知识水平会相应不断提升。

由于高标准农田必须成片建设，所以农田使用模式也要改变。那些大量使用农业原料的企业，如食品企业和纺织企业，将会成片开发高标准农田。管理农田成为一份工薪职业，从业者不再是传统小农经济中的农民。近年来，农业已经成为投资热点，像网易这样以高科技著称的公司也转身投入农业，而这种转化的基础就是农田的升级。

美国只有200万农户，却是全球头号农产品输出国。未来的中国也不再需要几亿农民，只需1000万左右的农田管理员，他们每人管理数百到1000亩高标准农田。同时，他们必须拥有足够的科技知识，能够维修设施设备，甚至不排除他们要持证上岗的可能。

如今的农村，很多青壮年纷纷进城打工，但随着农田向高标准转化，农业将再次由年轻人操作。只不过，他们将是新一代专业化的农田管理员。

02 垂直农夫

亩产一万斤！

很长时间里，这句话被当成空想主义的笑料。然而，随着科技的进步，它真有可能实现，前提是使用垂直农场技术。这种农场就是一座座巨型高层温室，依靠现有技术，可以建到三四十层楼高。于是，一亩天然土地上形成几十亩的种植面积，以天然土地来计算，亩产万斤自然不成问题。

不仅如此，垂直农场用玻璃与外界隔离。即使建在漠河，一年四季也都可以收获。台风、干旱都影响不到它。

拥有这些优势，垂直农场的产量自然非常高。目前，世界上最大的垂直农场建在美国新泽西州的纽瓦克市，占地6500平方米，差不多9亩多。年产各种农作物90万千克，一亩天然土地能产出10万千克！

垂直农场的优势不仅是把土地竖起来用。这些建筑里面设置有精密水网，向植物根部送水，用水量比露天农业减少95%。要知道，全球淡水消耗70%用于种地。这些水浇到地里，绝大部分不是蒸发就是流失，植物吸收的很少。越是欠发达国家，农业技术越落后，耗水量越大。而在这些摩天大温室里面，水分可以得到充分利用。

另外，垂直农场可以不占用天然水源。现在，城市废水要被处理成“中水”，也就是无污染，但人类不能直接使用的水，目前主要供洗车房这些地方用。将来“中水”会送给垂直农场用于灌溉。

人们讨厌农药，但是在露天里种地，细菌和昆虫到处都是，没有农药的话，农作物会减产。而在垂直温室里，只要把出入口封闭好，任何病虫害都能被挡在外面。所以，垂直农场根本无须施用农药。

垂直农场还有一个好处，就是能建在城市边缘，直接供应城市居民，大大减少运输中产生的消耗。有人计算过，像纽约这么大的城市，在其周边建大概160座垂直农场就可以满足供应。

垂直农场还有环保价值。要知道，人类对自然最大的改变就是建立了传统低效农业。要喂饱肚皮，就必须大量开垦荒地，可又种不出多少粮食！垂直农场的土地利用率轻易就能提高十几倍，以现在十分之一的农地，完全能生产更多的农产品。大部分被祖先垦殖过的地方，都将退耕还草、退耕还林。

垂直农场这么好，为什么还没推广？原因不是技术，而是前期投入。垂直农场不是在普通楼房里种庄稼，而是需要盖专业建筑。建一座几十层高、由计算机控制、外覆太阳能板的垂直农场，前期投入至少要数亿元，而且几年不能收回成本。连农业比较发达的美国、加拿大的小农场主也承担不起。所以，未来的垂直农场肯定由大公司来启动。

反之，像新加坡这种土地稀少的城市国家，垂直农场就是福音，所以他们建设了规模很大的实验种植楼。

我国也是典型的人多地少的国家。到2030年，我国城市人口会增加到十亿，城郊的垂直农场会成为非常重要的食品来源。希望你会喜欢在摩天玻璃农场中养殖、种菜、按电钮的工作。

03 太空育种师

澡盆大的南瓜、一人高的冬瓜、彩色辣椒……我小的时候，这些都是科幻连环画上的内容，现在这些品种已经摆上了我们的餐桌。制造这个奇迹的就是太空育种技术。

植物种子的遗传物质会产生变异，育种工作就是保留其中的有用变异。自从人类开始耕作，育种就是个基本任务。中世纪的农夫已经会使用杂交技术培育新种子。

但是在地面环境下，种子变异的过程很慢。相反，太空里充斥着高能宇宙射线，还有高真空、微重力等因素，都可以对种子进行诱变。于是，农业专家就把种子搭载到航天器上，希望靠这些地面不具备的环境将它们快速诱变。所以，太空育种又叫空间诱变育种。

相对于传统杂交技术，太空育种的时间缩短了一半。而相对于地面上的诱变技术，太空育种的效率提高了三到四倍。而且植物种子的质量小，不占多少空间，太空育种可以搭载执行其他任务的航天器，“搭便车”完成研究。比如“神舟五号”飞船首次进入太空时，航天员杨利伟就带着种子。

当然，这些航天器必须返回，否则前功尽弃。世界上只有美国、俄罗斯、中国拥有返回式卫星技术，所以太空育种这种工作也只有这三家可以干。2006年，我国第一次发射专用育种卫星。现在又研制出世界上第一颗可重复使用的返回式卫星，名叫“广梅一号”，它的主要任务也是太空育种。

经过空间诱变后，种子会发生变异，但未必是人类所需要的变异。这些种子返回后还要进行栽培、观察、选育，几代后才能积累出对人类有益的变异。据说成功率只有百分之几。不过，随着我国航天科技水平的提高，太空育种的规模会逐渐扩大。

植物可以在太空中诱变，动物当然也可以。但是到目前为止，农业技术还只仅限于把这门技术用于植物种子，所以才叫“太空育种”，而不是“太空育胎”。

我国是农业大国，不仅生产世界上最多的粮食，还生产约占全球一半的蔬菜，对农作物品种有着强劲需求。我国从1987年开始研究太空育种，现在已经积累研究出1000多个品种。在全球变异品种数据库中，我国的品种数大概占四分之一，遥遥领先。

我国的太空育种产品中，影响最广的是“超级双季稻”。我国种植这种稻有1000多年的历史，这种稻收过一季后不用再播种，还能生长一次。经过太空育种，“超级双季稻”的亩产创造过世界纪录。

我国有广泛的药用植物资源，它们也是太空育种的对象，包括风凌草、文冠果等，都曾经上过天。

太空育种的全过程不仅是科研，还包括种子的推广和销售。为推广太空育种的成果，我国成立了太空育种产业联盟。航天科技集团还在各地建设“太空农场”，专门种植上过天的种子。

展望未来，太空育种将会是一个朝阳产业，无论是投资还是求职，都推荐你去试试！

04　口味预测师

长期以来，饮食和酒类酿造等领域都聘请品尝师。这些人平时不吃刺激性食物，为的是保持味觉敏感。当他们从事品尝工作时，通常也不会吃下食物，或者把酒喝掉，只是把食品在嘴里嚼一下就吐掉。然后，他们会用打分评级的方式，记录个人感受。香水业也有类似的品评师，靠嗅觉分辨香水的品质。

除了专业品尝，很多食品行业还用“盲测”方式比较产品的口感。盲测时把同类食物放到一起，去掉标签，让普通人品尝。

品尝工作会帮助企业把握质量，缺点是只能品尝成品。将来，运用信息技术就能在制造过程中预测成品的口味。不过，并不是研发电子鼻或者电子舌，而是用大数据技术分析各种因素与食品口感的关系。

在葡萄酒行业，不同酒庄的土地、当年的天气、水肥等因素，都会对酒的品质产生影响。十几年前，大数据技术开始进入欧洲葡萄酒行业，专家们会找来不同年份、不同产区的酒，先请品酒师打分，然后分析生产这些酒的原料，研究葡萄在种植期间受天气、肥料、土壤、灌溉、病虫害等因素的影响程度，据说涉及的指标多达几十项。

等积累到足够多的统计样本后，酒庄人员向大数据软件输入当年影响葡萄生长的原始数据，软件就会给未酿成的酒评级。据说，运用这种方法得出的最终结果已经接近人类品酒师的评定。

同样的原理也适用于煮咖啡。英国朴次茅斯大学数学和物理高级讲师弗斯特带领团队，给咖啡制作过程建立数学模型，包括用量比例、研磨程度等。他们将各种方式搭配起来，制作出咖啡并请人品尝，寻找哪种制作模式的产品更受欢迎。

和通常人们认为的相反，弗斯特发现咖啡豆如果磨得过细，会阻塞水流，影响浸泡。如果用量过大，口味也会变差。他们得到的数学模型可以给咖啡店提供精确的制作流程。

以此类推，我国的豆浆和茶，或者饺子、面条这些简单食品，也都可以通过数学模型，再结合人的品尝，找到制作过程与口味的关系。这样就可以做到事先管控，保证少出次品。至少对简单食品而言，大数据的预测结果已经达到超越人类经验的水平。

除了食品本身的口味，厂商还需要知道消费者口味趋势变化，而这也需要大数据软件。著名零售厂商“乐事”常年统计人们的口味变化，据此推测未来趋势。根据他们的统计，喜爱辣味和酸味的人逐年上升，他们也为此开发出更多辣味和酸味的薯片。

无论预测食品的口味，还是公众的口味，都是为了让产品更有市场，这就是口味预测师的工作。不过，这份职业的重点不再是亲自品尝食物，而是围绕各种食品口味设计调查软件。

05　气肥制造员

提起二氧化碳，人们立刻就会联想到“温室气体”“环境污染”等负面评价。其实，无论是二氧化碳还是生产原料，用于制作纯碱、尿素和汽水，也是优良的灭火剂。同时，二氧化碳还能用于人工降雨和舞台表演等特殊领域。

如果把工业排放的二氧化碳都收集起来，卖给这些行业，岂非两全其美？问题在于这些领域对二氧化碳的用量很有限，大工厂不如直接把它排放掉更划算。

将来，会不会有某个生产领域使用很多二氧化碳，甚至能消耗如今工业环节产生的大部分二氧化碳？会的，那就是把它变成气肥！

植物的光合作用就是一个吸收二氧化碳的过程。所有农产品中的碳，基本都来自二氧化碳。于是，给农作物施加二氧化碳，就会增加产量。美国科学家在新泽西做过气肥实验，结果是蔬菜增产90%，水稻增产70%，大豆增产60%，高粱达到200%。当然，由一般人员操作达不到科学实验的效果，但只要达到最佳效果的一半，那也相当可观。

然而，既然是气体，二氧化碳被风一吹就会散开。人类只要在露天地里搞种植的话，就不可能大规模施加气肥。所以，气肥的应用是伴随大棚农业出现的。大棚里面空气流通不畅，必须人工释放二氧化碳。

最初，有的农民用点煤油灯的方式提高大棚里二氧化碳的浓度，这样做变相提高了碳排放。可见，这里面存在供需不接轨的冲突。可是，如果工厂把产生的二氧化碳提取出来集中运输，再卖给农民，成本过高，不如农民自己制造二氧化碳更便宜。

韩国汉阳大学的研究人员研制了一种薄膜，可以解决这个矛盾。它的主要材料是经过热处理的聚酰亚胺，混合气体通过它时，其中的二氧化碳被截留，效果可达到以前类似材料的500倍！

于是，只要把这种技术用于火电厂，就可以大批量生产二氧化碳。问题跑到另一边，封闭种植对气肥的需求能有多大？

实际上，人类在封闭空间里搞种植，可以四季常绿，作物不怕雨雪和病虫害，单位面积上的产量能提高几倍。将来不光是盖普通大棚，还会盖效率更高的垂直农场，而气肥将是它们的主要原料。

目前，人类每年排放的二氧化碳有300多亿吨，人工碳捕捉的量只有其中的万分之一，技术复杂、成本高是导致这一现状的重要原因。

而人类种植的农作物，每年可固定100亿吨碳，相当于400亿吨二氧化碳中的碳含量。与人类每年排放的二氧化碳相比，两者相差不算大。现在的碳排放权交易，并不会减少向大气层释放二氧化碳的总量，只是改变了释放权的归属。与其如此，不如大规模搞封闭式农业，把气肥变成它的配套产业。

这样一来，将来你可以去气肥厂当一名光荣的绿色工人。在那里，百亿吨二氧化碳会直接装瓶，运向封闭式农场。

06 蓝藻培养员

今天生活在地球上的人类能呼吸氧气，要感谢一种叫“蓝藻”的生物。远古地球大气里几乎不含氧气。30多亿年前，蓝藻出现在地球的生命舞台上。它们含有叶绿素，通过光合作用慢慢释放氧气，逐渐改变了大气成分。所有好氧生物都是在它以后产生的。

等现在的好氧生物形成一定规模后，蓝藻便功成身退，在今天它已经不是主要物种。我们只能从“蓝藻暴发”等负面新闻里听到它的消息。由于化肥、粪便等营养物质进入河流，一些地方会有蓝藻滋生。

有些品种的蓝藻能释放肝毒素，污染水质，导致人类患上癌症。所以，大部分情况下，蓝藻在新闻里是一种具有危害性的生物。

然而，蓝藻也是个大家族，有2000多个品种。生活中常见的不少营养品就是蓝藻，比如螺旋藻。螺旋藻最初被制成片剂，价格不菲，现在已经成为常见食物。

我国有一种叫发菜的食物就是蓝藻。不过，宁夏等地农民挖掘天然发菜出售，导致当地环境恶化。地木耳是另一种蓝藻，它形似木耳，吃法也很类似。我国西南一些少数民族的人们食用水藻。美洲阿兹台克人在古代也食用藻类。

我国湖南、四川等地出产的葛仙米，也是一种蓝藻。它是当地的传统食材，看上去像珍珠奶茶里面的珍珠。野生葛仙米的蛋白质含量很高，在过去，它甚至被当成珍贵的药物。

这些蓝藻类食物被烘干后，几乎有一半是蛋白质，其营养价值极高。不过，上述食物都有一个特点，就是产量少、价格高。

蓝藻号称“先锋生物”。几十亿年中，它们广泛分布于高温或低温恶劣的环境里，生长在盐湖、荒漠、冰原甚至石头的表面。所以，人工种植蓝藻类食材，并不与普通农作物争夺土地资源。

鉴于此，联合国建议把蓝藻食物作为贫困国家人民的营养品并进行推广，而这需要广泛的人工培育。在湖南就有种植葛仙米的传统，所以当地有上万亩地用于培养葛仙米。将来，人们用工业方法养殖蓝藻，很可能利用城市废水或在荒漠上进行。

所以，人们不再从野外采摘，而是大规模种植蓝藻类食材，这也是未来农业的重要内容。未来，蓝藻菜、地木耳、发菜、葛仙米大量上桌，改变人们的饮食结构。由于这些食物通常被当成营养品，其商业价值高，所以这一领域会吸引资本大量进入。

担任蓝藻培养员，是一份既干净又安静的职业。工作的主要内容是操作机械建设蓝藻池，投放藻种和养料，观察蓝藻的生长，这还是一份极具环保价值的工作。如果说有什么缺点的话，就是蓝藻培养场通常远离人类聚居区，需要员工作出点牺牲。

07 带鱼养殖员

带鱼是怎么养殖的?

从前，这道题用来给别人“挖坑”。带鱼是深海鱼，由于生理构造的原因出水即死，所以我们只能购买冻带鱼。不过现在，浙江舟山水产研究所已经在研究怎么养活带鱼，而且是在1.5米深的浅海水里。

这些鱼现在只能养殖两个月，体型很小，达不到商业要求。但是通过不断改进技术，估计二三十年后，人们会从市场上买到新鲜的活带鱼。

为什么要研究养殖带鱼？它属于广义的海产养殖业。远古时代，人类靠打猎解决吃肉问题。随着人口增加，打猎不能满足实际需要，必须饲养动物。现在，人类主要靠畜牧业解决陆地食用动物的来源，野生动物同时得到保护。

我国从大约3000年前开始饲养淡水鱼类。而人类长期捕捞海洋鱼类，导致海洋生物资源迅速枯竭。另外，海洋捕捞作业远离陆地，风险极高。电影《完美风暴》就改编自远洋渔民遇难的真实案例。

直到20世纪中叶，一些主要海洋生物资源开始枯竭，各国被迫制定禁渔、休渔政策，人类开始改捕为养，研究各种养殖技术，包括增殖放流和人工鱼礁等。除了海鱼，人类还学会饲养贝类和头足类。大连獐子岛就以养扇贝著称。头足类包括墨鱼、章鱼这些品种。

中国人喜欢吃墨鱼和黄鱼，所以这两个品种早就实现了商业化养殖。南方人偏爱的石斑鱼，甚至可以用调配的海水在陆上的水池里养殖。

近几年，中国人开始食用金枪鱼、三文鱼这些海鱼，并且需求量迅猛。最初，这些鱼类也靠捕捞。有的专业金枪鱼船，一出海就是一两年，把捕到的鱼冻起来，数量够了才拉回来卖，渔民们非常辛苦。但是需求量大，靠捕捞供应不上。所以，澳大利亚人开始养殖金枪鱼，挪威人在养殖三文鱼。

我国是全球最大的水产品消费国，水产养殖行业在过去30年增长了十倍！目前产量已经占全球60%以上。仅每年作为饲料消耗的幼杂鱼就接近1000万吨，这些人类不吃的小鱼被制成鱼粉，投喂给饲养的海鱼。

与我们吃惯的猪肉、牛肉和羊肉相比，海洋动物的营养价值更高。展望未来，人类会减少食用陆地动物的比例，而会更多地食用海洋动物。

现在，各国近海已经出现大批“渔场”。由于人类研究养殖海产品的时间并不是很长，所以与有一万年历史的陆上畜牧业无法相比。如今，海产品总体还靠捕捞，但这个领域受技术推进的作用更明显，像带鱼养殖一类的新技术会层出不穷。

估计50年内，海产品的饲养量就会超过捕捞量。到那时，不光我们餐桌上的海产品能得到保障，野生海洋动物也会受到保护，一举两得。

希望在未来，你会在海洋牧场里大显身手，比如，去养一养活带鱼。

08 高危职业——屠宰工

杀猪宰羊，曾经是每个农户都要掌握的技能。商业达到一定规模，又产生了专业屠户，《水浒传》里被鲁智深打死的“镇关西”就是屠户。城市化以后，各地更建起专业屠宰场，为城市居民供应肉食。

不过，屠宰工这个行业可能快要消失了，原因就是人造肉技术的出现。

很早以前人们就有梦想，不用宰杀动物就能吃到肉，或者类似肉的食物。在我国，最接近这个理想的天然食物叫作“太岁”，或者“肉灵芝”，它是细菌和真菌的复合体，可以在地下长到100多千克。这种复合体不进行光合作用，挖到后泡在水里可自行生长。吃起来的味道近似于肉。不过它很难找到，生长得也很缓慢，一千克的售价可以达到一万元左右。

1953年，美国化学家波耶拿到了第一个人造肉专利。他用的原料是大豆，全称大豆蛋白肉，其实就是改变大豆制品的外观和口感。20世纪70年代末，这种人造肉曾在国内销售，我曾经吃过。其外观与口味仍然接近豆制品，腥味重。再后来，素斋餐厅使用大豆制作仿制肉食，远比当年的蛋白肉更接近真实的肉。

不过，最近流行的人造肉可是货真价实的肉。科学家从动物身上取下肌肉细胞，在人工环境下培养，形成人造肌肉。2000年，美国杜鲁大学生物科学团队用金鱼细胞培养出最早的人造鱼肉。后来，人们又用鸡的肌肉细胞培育人造鸡肉，用牛的肌肉细胞培育人造牛肉。

理论上讲，任何细胞从躯体上分离出去，只要提供类似的环境，它们都能生长。这些环境因素包括温度、酸碱度、氧等。不过，要用人工方式创造与动物体内环境一样的微环境，成本非常高。比如，动物细胞靠毛细血管供养。单独把肌肉细胞取出来培养，没有毛细血管，便只能培养出有几层细胞那么厚的薄肉片。

所以，现在的人造肉只能做肉馅，几千片摞起来才能做一个牛排。第一个“人造肉饼”的成本高达30万美元，现在刚降到一千克1万美元。显然，这种人造肉离商业化还有距离。

不过，只要社会对人造肉有需求，生产规模上升，它的成本就会下降。人类靠畜牧业提供肉食，需要使用很多粮食。比如，美国人平均每年消耗上千千克粮食饲养牲畜，而生产粮食会消耗土地和淡水。牲畜本身也是碳排放源，6头牛的碳排放相当于1辆家用轿车。畜牧业还会产生大量粪便，污染环境。

仅就肉本身而言，携带的禽流感病毒、疯牛病病毒等会感染人类。畜牧业使用的激素和抗生素，最终也被人体摄入。而人造肉的生长环境远不需要消耗那么多资源，而且可以排除上述危险。

还有一个原因，就是随着生命伦理意识的变化，越来越多的人难以接受屠杀动物来吃肉这一事实。所以，在不太遥远的未来，人造肉的价格会降到天然肉的水平。届时，屠宰工就会成为历史。

第四章　与商业有关的职业

超市、专卖店和银行，形成了普通人对商业的印象。其实，商业的本质是估算物品价值，再把它们送到有需要的人手里。所以，商业建立在信息和交通两项技术的基础上。随着科技的突飞猛进，未来的商业可能会是另一种面貌。

90
INBOUND
MARKETING
VDO

01 直播销售员

新冠肺炎疫情，让“直播带货”红遍网络。不光明星、“网红”搞直播带货，有些地方的父母官也加入这个行列。

当然，他们主要是针对疫情造成的商业流通困难搞公益事业，并不持久。不过，民间纯粹的商业直播带货已经出现了多年。红火之后必然是行业的规范化。2020年7月，人力资源和社会保障部正式发布“直播销售员”这个工种。浙江省制定了第一个直播销售员的管理标准——《电子商务直播营销人员管理规范》。这标志着“带货”成为一个正规职业。

直播销售来源于电视购物，靠一张脸推销商品。电视购物出现后，最初只是播放商品广告，后来便安排专门人员和专门时段，推销各种商品。电视购物在发达国家已经存在了半个世纪，在我国也有将近30年的历史。

如今，从央视到地方台，都还保留着“购物频道”，但是举步维艰，电视购物主持人的收入也在锐减。原因就是大量视频网站降低了“带货”门槛，普通人和小企业都能进入这一行。这类网站出现于十几年前，开始只能播录制好的视频，最近几年才有条件搞直播，这样就完全替代了电视购物。

从此，一个人拿起手机，就可以像电视台主持人那样面对公众。至于有多少人观看，完全靠推销功夫。所以，电视台不再有直播优势。受时段限制，电视购物范围再广，一次也不过有限几种，完全无法与大规模的网络直播相比。

一名直播销售员可以只推销几种家乡特产，或者特定的几样工业产品。他们会围绕这些商品做很多期视频节目，把它们的价值、性能、使用要求说全、说透，还能做演示，回答网友提出的问题。成千上万种的商品，都可以这样细致地给予介绍，这便需要成千上万名直播销售员。

直播“带货”有很多种形式。有的直截了当，拿起商品就讲；有的会编一套故事情节进行促销；还有的搞讲座，并不直接谈商品，但是会在屏幕中推出商品链接。

直播销售员的门槛不高，人人都能进入。人力资源和社会保障部就印发过《关于做好长江流域禁捕退捕渔民职业技能培训工作的通知》，向退捕渔民推荐几种职业，其中之一就是直播销售员。

门槛下降直接导致信用下降。不需要经过像进电视台那样专业的训练，而且很多直播人员既不是明星也不是“网红”，都是普通人。于是，公众就产生了“谁值得信”这种疑问。在这一行，直播销售人员的公信力比技术更有意义。有关部门制定规章制度，也是出于这个原因。

相信过不了多久，就会有一批持证上岗的直播销售明星，希望你也能加入他们的行列。

02 金融科技师

金融不就是管钱吗？还用得着高科技？

其实，恰恰因为金融的核心就是钱，从人类用金属铸造货币开始，就不吝惜成本地把最先进的科技投入金融，以保证钱的制造、储存和流通。从纸币到电子交易，再到数字货币，金融业融合了每个时代最前沿的信息技术。比如，纸币为了防伪，总是要用当时最高端的造纸技术和印刷技术。

20世纪七八十年代，计算机网络刚向社会延展开时，金融业就成为最早的用户。发达国家证券交易所很早就实施了电子交易。1987年10月，美国证券交易所还因为程序化交易导致暴跌，成为经典案例。

当防火墙技术产生后，金融业也是第一时间加以运用。很多大型信息公司的基本业务，就是帮助银行建立防火墙。

2006年，美国次贷危机爆发，使得全球经济衰退好几年，背后原因就是当年的金融科技还不像今天这么发达。那时，美国一些金融机构把钱借给现金流很差的个人，帮他们买房子，然后再把这些债权打包出售。购买债权的人没条件逐个实地考察那些住宅小区以及客户，全靠对金融机构的信任下单。

今天，通过生物识别等技术，任何成年人的征信都可以方便地查看，已经不可能再发生这种事情。

如今，与金融有关的科技手段包括大数据、云计算、生物信息等。比如，脸部识别技术开发成功后，金融业立刻加以运用，至今仍然是最大客户。

我国现有广义货币接近200万亿元，全社会流通的现金只有7万多亿元，社会上绝大部分的“钱”都已经不是钞票。如果没有一个强大的金融科技队伍加持，这么多数字形态的钱流通起来肯定会混乱。然而，虽然电影里的黑客无所不能，但从未真实地突破中国金融科技建造的安全壁垒。

金融业内部管理的提升，也对科技有进一步的要求。以前，社会缺乏信息共享，贷款员是个很吃香的行业。他们会跑到各个企业，通过调研，了解客户的经营情况。其中不乏有人利用监管漏洞，与贷款方合谋套取银行资金。如今，这种人对人的私下接触在银行业不断减少，代之以方便的征信调查。动动鼠标，输入几个数字，就能得知一个企业真实的现金流。

如此方便，靠的就是金融科技这个幕后英雄。所以，银行一线人员的比例不断下降，留下来的人的薪水也在下降，金融科技人员的地位则不断上升。

以前，金融行业自己很少雇用科技专业人才，而是把技术活外包给信息公司。随着金融业本身规模不断膨胀，使用的高科技手段越来越多，金融行业也产生了自建科技队伍的愿望。2019年，“深港澳金融科技师专才计划”开始启动。这三个地方的金融管理部门与企业、高校联手，发起金融科技人才培养与认证机制。

从此，开始有了“金融科技师”这个专门职业，并且，由于中国是全球最大的金融科技市场，以后更是前途无量。怎么样，你动心了吗？

03 外汇管理员

解放北路是天津的金融中心，云集着不少银行的分行总部。20世纪80年代，那些分行门口总是坐着一些人。只要有人路过，他们就会问：“有券吗？”

他们说的“券”指的是外汇券，是我国在特殊时期发行的一种特殊票证。按规定，外汇证券与人民币等值。但是可以按国家牌照换成外汇。在发行外汇券的1980年，1.5元外汇券兑换1美元，而在黑市里，美元价格要高得多。于是就有一些人以高于票面的价格收购外汇券，再以低于牌照的价格兑换成外汇，赚取差价。

在发行外汇券的1980年，我国外汇储备低到了负13亿美元，是新中国成立后唯一亏空的年份。其他年份即使不亏空，也不过有几千万，1亿美元上下。外汇需求十分强劲，黑市价格高昂。而这批“倒爷”几乎是我国第一批外汇炒手。

改革开放以后，我国开始大规模积累外汇，外汇券也完成了使命。1994年，我国外汇的官方价格与市场价并轨，外汇券于1995年元旦停止流通。

2006年，我国的外汇储备超过日本，成为世界第一，20多年间增长了8000倍！从此便一直待在冠军的位置上，最高时接近4万亿美元。这样一来，银行、证券、保险等金融企业里开始有了“外汇管理员”这个职业。他们要在外汇市场上买卖外汇、办理拆借、调拨头寸。目标不是赚钱，而是保值。

这其中最具传奇色彩的要数我国外汇管理局的操盘手。1978年，我国政府成立了外汇管理局，当年只管理着一点几亿美元的外汇。30多年后，外汇储备为3万多亿美元，外汇管理局总共只有200多名操盘手，平均每人要操作100多亿美元筹码。虽然这些钱不是他们自己的，但是人手一艘航母，在国际金融海洋上纵横，那种感觉也是惊心动魄。

这个群体年纪很轻，知识丰富，经验丰富。因为他们的操作，我国外汇市场这些年始终平稳运行，没人敢来兴风作浪。

伴随国民财富的积累，国际贸易的提升，外汇需求越来越平民化。外汇管理员这个岗位也不再神秘，为很多中小企业，甚至千家万户所需要。外贸企业要在瞬息万变的外汇市场上保值，需要有熟练的人指导。普通群众因出国旅行、留学等也有购汇需要，也不排除有人想成为外汇的职业炒家。

将来，外汇管理员会以雇员制和顾问制两种方式存在。雇员制就是由大企业雇用，成为企业员工。目前，外汇管理员基本都受雇于企业。顾问制就是成为企业和个人的顾问，类似于律师或者保健医生。他们按月收费，根据客户需求给予指导，或者帮客户直接操作。

两种外汇管理员的知识技能结构差不多，都要求熟悉外汇动态，熟练操盘。而且需要他们有熬夜的能力，这样才能与全球各金融中心同步。

04　远程维修员

家里的电器坏了怎么办？打电话叫人上门维修？这样，你不光要付维修费，要约好时间等人，还要担心维修师傅能不能一次解决问题。将来可能会有一批远程维修员，在手机那头指导你维修电器、水暖，甚至家里的各种物品。

从上门维修走向远程指导，与整个技术水平的提升有关。手工业时代，修理东西也是高技术，比如提起“修表匠”，大家就会联想到一位老人戴着眼镜在修理机械手表。当然，他们也都要从年轻时开始做学徒，需要积累经验，才能成为修表专家。

当时，远程维修只在企业里实施。一些企业购买机器设备后，通常会因为操作失误导致设备出现问题。请设备厂商派人上门维修，既费时又费钱。由厂商在电话里远程指导，可以解决比较简单的毛病。

随着制造技术升级，产品变成模块化，要求具备的修理技术反而下降。如今各种家用设备都比以前复杂得多，但是维修人员稍加培训就能工作。因为设备里面很多元件是集成的，并不需要修理。只要找到损坏的部件，把好的换上就行。

另外，造成家电故障的原因中占比很高的是使用不当。很多情况下，家电并没有出问题，只是使用者操作失误，维修师傅即使上门，只要摆弄几下就能恢复正常。其实顾客白花了维修费。

还有一个重要因素，就是维修费用越来越高。维修是人工劳动，当一个社会的收入水平提高时，维修中的人力成本往往在上升。

为家庭服务的远程维修最初在发达国家成为现实。20世纪六七十年代，因为上述各种原因，一些家电公司开设“冷线”。顾客拨通后，服务人员一步步教顾客如何正确地操作。很多情况下，家电不用更换任何部件，顾客在服务人员的指导下就能将其恢复正常。

在这种服务中，顾客不用再付钱，但是家电公司要给“冷线”指导人员付工资，他们成为最早的远程维修员。不过，那还是在座机时代。进入网络时代，电脑成为大规模应用远程维修的第一种家用设备。通过远程操作，维修人员可以直接修复用户的电脑。

如今已经进入智能手机时代，远程维修有了视频帮助，可以普及电脑以外的多种家用设备。最近笔者就体验了一次。原本我想请师傅上门帮我调试网络机顶盒。结果，师傅让我把每一步操作后屏幕的显示情况拍照给他，直接在手机里指导，就这样完成了服务。

这并不是正规的远程维修，师傅不上门是因为他还有很多活儿，而我要解决的问题又不需要换任何硬件。将来，家电公司、厨房卫浴公司，甚至汽车公司都会雇用远程维修员，通过视频指导用户自己动手。所以，远程维修员将成为十分普及的职业。

05　科学鉴宝员

你看过鉴宝节目吗？在这类节目中，民间收藏者把自家宝贝拿到现场，请专家鉴定。专家们看一看、摸一摸，全凭经验判定真伪。有的收藏者发现宝物被鉴定为赝品，气得当场砸碎。

靠这种戏剧化场面，鉴宝节目获得过不低的收视率。不过，它离现实中的文物鉴定越来越远。将来，你遇到的可能不是老专家，而是手持高科技工具的年轻人。

用技术手段鉴定文物，已经有很长的历史，热释光就是个重要手段。一件物品制成后，便开始吸收外界辐射，并在物品内积累。热释光技术通过测量文物中残余的辐射能，可以推断出它制成的年代。

目前，热释光技术的误差已经小于50年，检测范围则扩大到50年至50万年之间。这对文物来说已经足够了。利用热释光技术不仅可以鉴定出当代仿制品，也可以鉴定出用近代产品伪造的远古文物。

不过，文物造假者也开始熟悉这种技术。他们制成赝品后，会用X射线进行照射，提升辐射含量，这样做会干扰热释光的鉴定成果。所以，文物鉴定界又开始使用更准确的能量色散X射线荧光分析技术。

任何物品都是由很多元素构成的，包括常量元素、微量元素与痕量元素。即使都是青铜器，或者都是瓷器，在不同时期和不同产地，它们的元素构成也各有特点，不会绝对相同。比如，某个窑里烧制的唐三彩，其元素构成不同于其他窑里烧制的唐三彩，也不同于这个窑在以后某个时期烧制的唐三彩。即使工艺没变，周围空气、水和原料成分都会有变化。所以，元素构成就是文物的“指纹”。能量色散X射线荧光分析就是找到这种“指纹”的技术。没有造假者能够还原历史中某地原料的全部元素构成情况。

不过，单纯分析某件物品中的元素构成，还无法对它做任何判断，必须与数据库进行对比才行。这和警察要通过数据库才能查出某个指纹的主人身份是一个道理。所以，进入这个数据库的文物资料越多、越丰富，后面的鉴定准确率就越高。

由于这个数据库只会增加，不会减少，展望未来，利用它有可能是最精确的文物鉴定方法。

另外，即使不采用物理手段，仅凭观察来研究文物，现在也有了很多新的方法。比如，利用视频显微镜可以把文物放大200倍左右，能更好地观察材质的细节。还有一些文物鉴定App，用户可以手机下载，远程鉴定。

随着人们收入的提高，收藏品行业规模不断增加。然而，仅凭个人经验和肉眼进行鉴定，差错率非常高，也很难排除故意造假。客观、公正的高科技检测，势必会取代“老师傅”，而社会对高科技文物鉴定员的需求也会大大增加。

06 高危职业——在线客服

我国被称为“世界工厂”的同时，印度被称为“世界办公室”。由于以英语为官方语言，大量印度人能够熟练使用英语，印度因此成为“商务流程外包”的头号国家。

这种外包不是请印度人到欧美公司做客服，而是当用户给欧美公司打电话时，直接转接到遥远的印度，由印度客服在当地处理问题。由于工资和其他费用远低于发达国家，大量客服业务流动到印度。

然而，人工费用再便宜，还能比人工智能更便宜？虽然不知道印度现在的商务外包生意怎么样，但是在我国，很多这类工作已经转给自动问答系统。

2020年，我第一次从某个保险公司的服务电话里听到智能客服回答问题。当时的第一反应就是转接人工客服。一个原因是智能客服听不清我的话，另一个原因是当时我认为真人才能承担责任，如果这次咨询产生什么不利后果，我如何追诉一个程序？

然而，智能客服具备超强的学习能力。一年下来，我已经习惯与它们打交道，并且不再转接人工客服。至于后一个担心，由于智能客服一直没出错，我也就把它放下了。

理论上讲，只要一家公司需要大量客服，就可以使用智能语音客服软件。不过，目前这种软件还集中在通信行业和金融行业中使用。其中原因之一是这两个行业的工作高度程序化，顾客提出的问题也高度统一。对智能语音客服软件来说，如何辨别客户的口音反而更重要。

这两个行业的客服是“真正的客服”。它们被动接听时，只需要回答客户提出的问题。只有主动拨打时，才会有推销任务。所以，这两个行业还会保留一部分人工客服。那些兼有推销任务的行业，如售卖保健品，一直没有提供智能客服的例子。

除了能听清楚客户的话，智能客服还有另一个优势，就是字正腔圆，比带有口音的人工客服更容易让客户听懂。另外，智能客服没有脾气，避免了与客户发生直接冲突的可能。

如此下来，留给人工客服的问题会比较复杂，处理起来需要用专业知识进行分析，比如远程指导电器维修。一些名为客服，实为推销员的岗位也会保留给人工。尽管如此，雇用几十上百人接电话的壮观场面正在陆续消失。在线客服正在退出历史舞台。

07　高危职业——司机

在首都机场T3航站楼，国内出发和国外出发分布于两幢建筑，中间由轨道车连接。旅客们很少会注意，这趟轨道车没有司机。这可能是司机行业退出历史舞台的开始，结束这个行业的是自动驾驶技术。

当然，轨道交通上使用自动驾驶并不新鲜。

车辆行驶在一条线上，路况简单，即使蒸汽机时代，司机也不需要全程操作。城市轨道交通其实也具备无人驾驶条件，只不过出于安全考虑，很多城市先在机场、码头这些地方实行。

汽车无人驾驶更受关注，因为要在复杂的路况中穿行，更考验人工智能的水平。1961年，第一辆实验性的自动驾驶汽车诞生，它叫“斯坦福车”，其外表更像人工智能实验装置。这辆车用摄像头收集外部信息，通过人工智能进行判断。结果，20分钟才开出1米远。这相当于自动驾驶技术的“草履虫阶段”。

1995年，自动驾驶汽车飞速进化到“恐龙阶段”。那年，卡内基梅隆大学的研究人员把一辆卡车改装成“半自动驾驶车”。它通过摄像头寻找路线，自动转弯，人类驾驶员负责踩油门和刹车。

从2004年开始，美国国防部高级研究计划局连续组织了三次自动驾驶比赛，大大提高了这一领域的技术水平。第一次，冠军得主走了大概11千米；第三次，冠军得主走过的路程超过了160千米。

2009年，网络公司谷歌代替人工智能科研团队，成为自动驾驶技术的推手。谷歌拥有导航优势，可以方便地获取全国路况，由电脑制订驾驶策略。以前的实验品都是对现有汽车进行改造，谷歌则生产了第一款全自动驾驶车。它没有油门和刹车，完全不用人类操作。

直到这时，传统汽车厂商才对自动驾驶产生兴趣。他们迅速改造车型，以适应自动驾驶的需要。

自动驾驶取代人类司机，会先从短途公交车开始。因为公交车的路线固定，路况简单。

2017年，第一趟无人公交车出现在德国巴伐利亚州温泉疗养地巴特比恩巴赫镇，路线长度仅700米。

戴姆勒公司则推出了全球首辆无人卡车，并在美国内华达州获得牌照。接下来，自动驾驶会在长途卡车货运领域取代司机。这种路线比公交长得多，但是路况相对简单。至于在城市街头穿行的出租车司机，可能会在最后被取代。

人们当然担心自动驾驶的安全性。其实，这除了取决于技术，更多地取决于有多少比例的车辆在无人驾驶。

如果只有一辆自动驾驶车穿行在人类驾驶的车辆当中，当然会很危险。但如果路上有几成车辆都是无人驾驶，它们自带的自动避让功能会远远躲开对方，并形成一个协调的网络。

据测算，自动驾驶的事故发生率比人工驾驶低两个数量级！要知道，全球每年约有50万人死于车祸。所以，从某种角度上讲，自动驾驶可以挽救很多人的生命。

无论从安全性角度考虑，还是考虑成本，职业司机都不占优势。未来，驾驶只是一种生活技能，甚至只是一种业余爱好。

08　高危职业——会计

1990年我踏上教育岗位，发现中专还开设一门珠算课。学生不仅要练习打算盘，还要考级别证书。在当时，算盘是会计行业的标志。每次路过单位的财务室，都能听到噼噼啪啪打算盘的声音。

电脑在哪里？当时，电脑只有大型单位才有，然后就锁在机房里，被奉为“高科技设备”。大学毕业前我们曾经上机实习，进机房前要换上棉拖鞋，理由是防静电。然后在只有黑白两色的屏幕前，编个小程序让它运行。

这么“高大上”的样子，当时的我想象不到电脑会摆上每个人的办公桌，而算盘在几年后就从工作环境里消失了。把电脑请上舞台的就是会计电算化技术。

会计工作的主要内容是处理财务数据，而电脑的主要本领也是处理数据。让电脑当会计，几乎顺理成章。不过，这段路走过了漫长的几十年。

传统社会的交易活动很少，一群会计拿着算盘就能应付。现代化过程让交易活动增加很多倍，需要大量的记账、复核和统计工作。如果仍然用手工劳动，劳动量会十分惊人。

苏联学者在20世纪60年代做过预测，如果从事经济信息处理的职业按当时的发展速度膨胀，到2000年，苏联所有的成年人都得去处理账目。

1954年，美国通用电气公司开始用电脑统计员工的薪水，这是会计电算化的开端。当时，电脑还只是柜子那么大的机器，被放在专用机房里，只有专业电脑操作人员才会摆弄它。各部门要按时段租用电脑，请专家操作。

靠这种“老爷机”做会计工作，只能处理单项数据。

1979年，长春第一汽车制造厂开始将电脑引入会计工作，这是中国会计电算化的开端，虽然最初也只是用来发工资。

20世纪70年代末，家用电脑出现，很快它们被摆上办公桌，小企业甚至个体户都开始用电脑工作。不过，当时的很多数据还用纸来记载或保存，比如手写的账单或票据。因为把这些数据录入电脑需要很多人力，所以这种电脑处理和手工操作并行的模式延续了很多年。

后来，像超市收银台这种设备越来越多，经济数据第一时间变成电子信号。

1989年，我国开通股市，直接用电脑操作，每笔交易在发生时就是电子数据，然后汇总到有关企业的账目当中。在今天已经司空见惯的事，当年却是划时代的创举。至此，才发展到甩掉手工账本的时代，主要靠电脑记账与核算。

直到这时，使用电脑的会计工作还只是用于企业内部管理。网络普及后，各企业都接入网络，会计工作也是一样。

今天，刚毕业入职的会计就会用电脑工作。然而，电脑能代替的不仅是算盘，还有会计行业本身。至少，那些只记录原始交易数据的低端会计，将没有存在的必要。特别是大数据技术的应用，能实时处理成千上万次交易过程。像阿里巴巴、顺丰这样庞大的企业，可以随时跟踪商品的交易过程，这是手工会计时代完全不可能实现的。

未来，几乎所有交易数据的形成和汇总都由电子流完成。政府和企业所需要的，是从这些信息里找到规律、发现问题的分析师，而不再是会计。

09　高危职业——收银员

几十年前，收银员这个行业还不存在。

收银员的前身是售货员。那时商品包装程度低，多为散货。售货员的主要工作不是收钱找零，而是称量和包装。

当年，这一行业很有技术含量。北京百货大楼糖果柜台售货员张秉贵练有“一抓准”的绝技，无论顾客要几斤几两，他在糖果堆里抓一把，就是那个分量。凭借卓越的劳动技能，张秉贵成为全国劳动模范。

小时候，我喜欢在大人购物时，看售货员用牛皮纸包装商品。不管是什么小物品，都在他们手里团团飞转，整齐地用纸绳系好。然而，即使这门手艺再高明，也无法与机器相比。更何况，很多售货员并没有张秉贵那种技能，服务态度也不好，反而成为销售的障碍。

1916年，世界上第一家超市出现在美国孟菲斯市。

1978年，超市这种业态引入我国，当时叫自选商场。

到20世纪90年代末，超市已经在大城市普及。

超市将包装和称量工作从售货员手里剥离，90%以上的商品已经称量完毕，顾客只需要结账。超市商品都有明确介绍，过去售货员要用口才推销，这个环节被大大简化。当年不少顾客喜欢待在小商店和熟悉的售货员聊天。而收银员除了几句标准用语，不可能和顾客攀谈。由于他们的工作整天低着头，即使你经常去某个超市，也不一定记住收银员的长相。

不过，收钱找零这个环节也需要心算技能，手快总好于手慢，熟练的收银员也算技术工种，这个行业维持了几十年。如今的芬兰女总理，年轻时就是一名收银员。

然而，电子货币的诞生把收钱找零这个环节都简化了。如今，很多超市出口竖起电子支付终端。顾客从登记商品到结算，完全不需要与人打交道。

现在，超市还会在这些支付终端旁边安排收银员，他们要帮顾客熟悉机器的使用方法，并监督顾客。这样一来，收银员的技术含量已经压缩到了最低。某个岗位一旦失去不可替代性，离淘汰也就不远了。

2016年，美国亚马逊公司开办了全球首家无人商店，很多商家纷纷跟进。在那两年形成一波开办无人商店的高潮。顾客扫码进门、自主选购、结算支付、解锁出门，全程不用跟人打交道。

当然，无人商店并非完全不用员工。送货、理货、打扫卫生仍然需要人的参与，只是省去了收银员。

可能是过于超前，这些无人商店很少盈利，并且基本都是小店，一时代替不了大超市。但无人商店代表一个发展方向。

从小习惯信息化的年轻消费者成长后，上万平方米的无人超市会应运而生。

这个趋势算是进步吗？笔者觉得还算。所谓商业，无非就是把货物尽快从生产者手里，送到消费者手中。中间环节的成本越低，越有利于消费者。

10　高危职业——押运员

头戴钢盔、身穿防弹服、手持枪械，有这身行头的人可能是特种兵或者防暴警察，也有可能是一名押运员。

改革开放以后，我国的经济规模不断扩大，银行因为存有大量的现金，于是押运员和他们的标准工具——运钞车，开始出现在大街小巷。

如今，我国的经济规模比当年扩大了几十倍，现金流也水涨船高。然而抢劫现钞的案件却逐年下降，这是电子货币取代有形货币的功劳。

理论上讲，货币只是信息载体。最值钱的不是货币本身，而是货币所承载的价值。

人类使用贵金属货币时，它们本身也有价值。但贵金属非常有限，无法与经济规模相匹配，所以人类必须使用更纯粹的价值记录载体，那就是纸币。这是一种过渡物，它本身没有价值，其票面价值来自硬性规定。但它也是一种实物，现实中人们需要把它运来搬去。不仅需要支付流通成本，更要预防伪造纸币的犯罪。

电子货币体现了货币真正的本质，它只记录价值数量，连实体都没有。

最早的电子货币其实就是银行卡，它靠磁条和芯片记录用户信息。由于必须有密码才能在机器上操作，所以银行卡很少成为抢劫和盗窃的对象。小偷盗窃钱包后，总会拿走里面的现金，扔掉银行卡。

截至2019年，我国在用发卡数量达到84.19亿张，每个成年人钱包里都有一堆卡。通过ATM机办理各种转账业务已经十分普遍，大量货币通过电子信号在网络间流动。

接下来便是真正的电子货币。

最初，个别网络公司发行虚拟货币，只在本网站的业务范围内流通。著名的“Q币”就是典型。它本身有价值，但从诞生起就没有物质载体。围绕着“Q币”这种数字货币，也经常出现盗窃案。不过，已经从现实抢夺转向了黑客行为。

当支付宝和微信出现后，电子支付大行其道，尤其在我国，几乎取代了纸币。小商小贩都在使用电子支付。很多小商店因为很少有纸币交易，平时都不准备零钱了。

作为这一趋势的最新进展，我国发行了国家级别的电子货币，但目前只选择了个别地区作为试点。

纸币不复存在，为保护纸币而产生的押运员行业，自然也行将消失。

读完全书后你会发现，商业领域中的“高危职业”最多。原因在于商业高度依赖于信息，需要大量人力收集、处理信息。只要信息技术在发展，就会减少商业环节中的人力。而信息技术恰恰是这几十年技术革命的中心，新发明最多，效率提升得就最快。

第五章　与信息有关的职业

发生在我们身边的这次技术革命，又被人称为“信息革命”，信息技术是突破的重点。当然，它也是创造新职业，吸引年轻人的重点。下面这些来自信息业的新岗位都有一个共同点，就是从业人员的平均年龄明显低于传统行业。

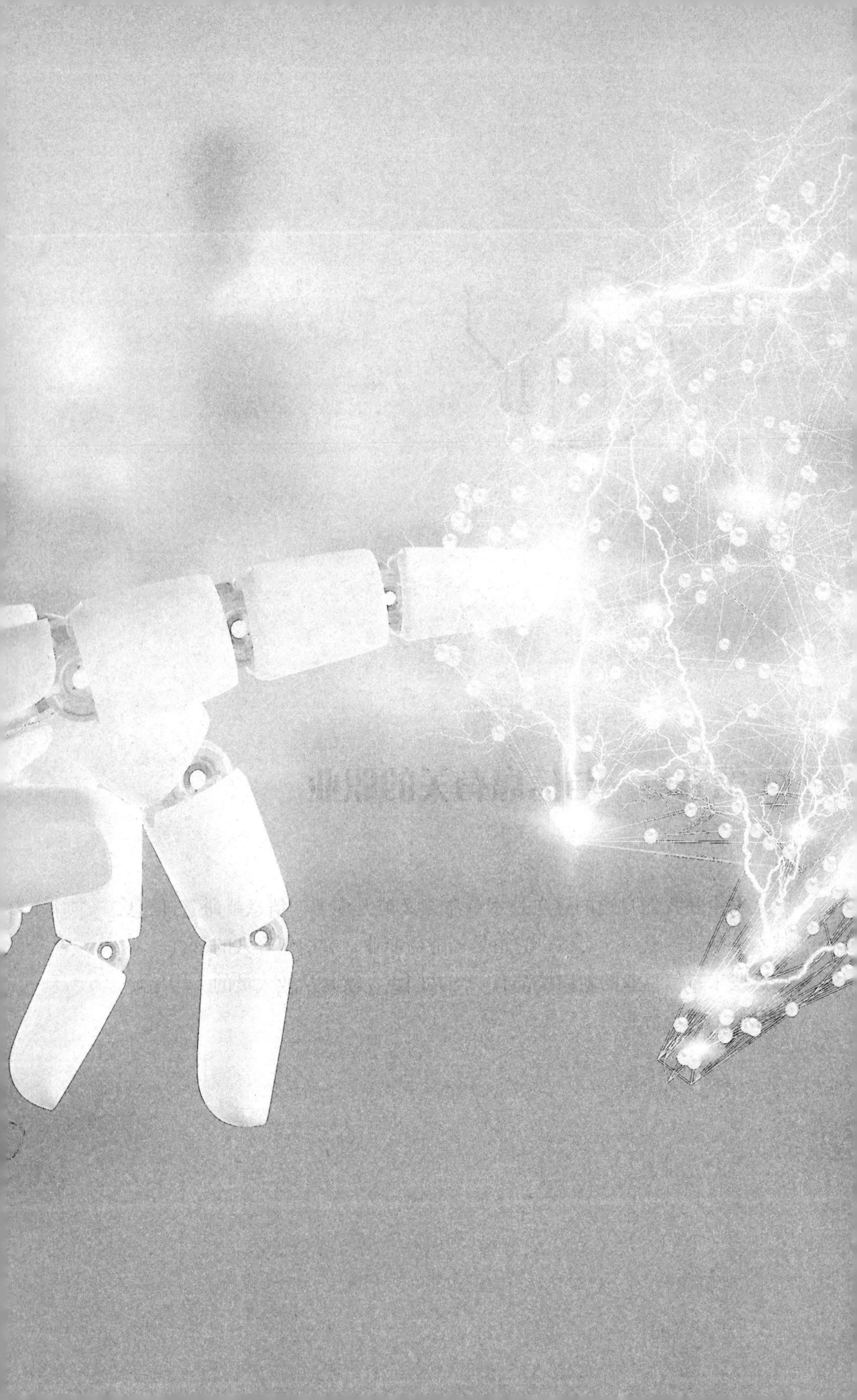

01 人工智能训练师

山西是我国的产煤大省。随着技术升级，很多中小煤矿合并成大煤矿，下岗员工很多。他们将来的出路在哪里？答案可能是去训练人工智能！

这听起来有点离谱，但却已经成为现实。这个新行业叫作人工智能训练师，2020年2月已经进入国家职业名录。而百度公司在山西建设的数据标注师园区，主要业务就是人工智能训练。目前园区已经有2000多名员工，其中不少来自煤炭行业。未来，这里将有6万人转行去训练人工智能。

与科幻片中的人工智能（AI）不同，现实中的AI就像刚初生的婴儿，但它们不能自己学习，必须有人把不同情境中的信息传递给它们，人工智能训练师应运而生。

因为开创了“双十一购物节”，在那几天，阿里巴巴的客服工作会十分繁忙。后来，人工客服已经不能应付，于是他们开始引入AI。但是公司发现，客户用“南腔北调”的语言进行咨询，很多情况下AI程序难以分辨。于是，他们从2015年开始专门组织员工，对各种AI客服进行训练。

这几年，银行、保险等部门纷纷使用AI客服。开始它们笨得很，常常气得客户想改拨人工服务。但是后来，这些AI客服能听懂越来越多的自然语言，包括各种方言。这就是背后大量人工智能训练师的贡献。

接下来，人工智能训练的范围将扩大到自动驾驶、导航、医学影像识别等领域。比如，新冠肺炎疫情期间，医生们要辨别大量的肺炎影像图，以便区分普通肺炎病人和新冠肺炎病人。而百度山西数据标注基地承接了相关任务，通过数据标注，让AI学会识别医学影像。

另外，疫情期间大家必须佩戴口罩出行，这给人脸识别造成阻碍。而通过数据标识，人工智能训练师已经教会程序如何识别戴口罩的人脸。

有人担心，这个职业是否“教会徒弟、饿死师傅”？人类把经验输送给人工智能，导致人类进一步下岗。其实，人工智能需要学习的内容十分广泛，几乎覆盖整个现实世界。所以，这个行业至少还能持续一两代人。

02　信息整理员

《大趋势》《第三次浪潮》《未来学概论》……20世纪80年代流行的未来学著作都提道：人类将面临信息爆炸，未来要担心的不是到哪里获取信息，而是迷失在海量信息中无所适从。

当时，我们还生活在知识匮乏当中，很难想象“知识爆炸”是什么样子。那时，我们去图书馆都要带着笔记本，看到有用的内容，须一笔一画抄下来。当时已经有复印机，但是穷学生用不起，有人便会偷偷撕下其中某页带走。所以，我经常在图书馆里发现缺页的刊物。

大概20年前，新浪、网易这批互联网公司开始诞生，但是它们规模小，没钱给传统媒体付新闻版权费。所以，最早的网络上没什么有价值的东西，只有一批人在BBS上贴东西。当时每到周末，我都会坐公交车去天津市南京路。那里有一段长达百米的报栏，贴着全国几十种报纸，我会浏览一个下午，享受一次信息盛宴。

后来，头部的网络公司有了钱，开始购买新闻使用权。再后来，一些小型纸媒的新闻只有上了网，才能扩大影响。最后，新闻机构遇到突发事件，经常引用网友的文字、图片和视频，以至于你会怀疑，为什么还要有独立的新闻机构？网络上不是什么都能看到吗？

在这个过程中，互联网上的信息总量以每三年翻一番的速度增加。很多曾经久闻大名，但是找不到纸质版的名作，都能从网上找到电子版。不知不觉间，我们已经进入当年书本上描述的信息爆炸时代。

然而，有位在互联网从业20多年的朋友表示了忧虑。网上信息中的有用成分已经被大大摊薄。你上传一本世界名著，别人就上传几十本垃圾书。鼠标所到之处，都是无聊的“口水仗”。更有互联网公司使用算法，根据网民需要，推销他们想看到的东西，结果形成“信息茧房”。网民以为是在自由冲浪，其实是待在网络公司给他个人布置的信息空间里。

这位朋友的对策，就是建立专业信息整理网站。他们不是信息源头，但是会安排专业人士收集某个领域里不断产生的新信息，排除垃圾，留下精品。比如，像钢铁业、纺织业这些领域，都有几百万人在工作，他们都能在网上发声。那么就要请这些行业的专家来分析哪些信息更有用。

假以时日，他们既不会去看行业报纸，也不再淹没于无数条钢铁业或者纺织业的信息里，而是去这些行业的信息整理网站找有用的信息。

当然，筛选和整理信息是个“带节奏”的过程，其中肯定掺杂着网站本身的倾向。但同一行业出现几家信息整理网站，各自有不同的“节奏”，普通用户一般可以分辨。

未来，会有一批专家不再从事专业工作，而是转行为本专业的信息整理人员，为广大网民服务。

03 区块链技术人员

最近，“区块链”这个词红得发紫。我通讯录上的朋友不分职业和年龄，有很多人向我提到区块链。如此火爆的新领域，操作人员当然也是全新的，他们叫作“区块链应用操作员”和“区块链工程技术人员”。我把两者合起来介绍，统称为“区块链技术人员”。

2008年，神秘的中本聪提出“比特币”概念。为了给这种电子货币提供信任基础，中本聪设计出区块链技术。到现在，我们都不知道“中本聪”的真实身份，甚至不知道他是一个真人，还是某个机构的化名。这位在网络时代最不透明的角色，却设计出了最透明的技术。

区块链就是由一系列“区块”构成的“链”。这些区块是账簿，由成千上万的人独立填写，它们组成一个链。如果一个人想篡改他的那份账簿，就得改写整个链上的信息。以比特币为例，只有控制51%的区块才能篡改整个链，理论上没人能做到。所以，区块链成为最能防伪的信息技术。

如果只为比特币服务，区块链还不至于火到现在这个程度。截至2020年，比特币总市值才1256亿美元，相当于某个中小股市。然而，由于拥有去中心化、不可篡改、全程留痕、可以追溯、集体维护、公开透明等显著优点，区块链早就运用到多种与信息有关的行业。

在有些地方，个人档案系统已经开始运用区块链技术。从前的纸质档案很容易被篡改。比如，我们会听到某人伪造学历或身份，十几年甚至几十年后才查出。这都是纸质档案时代的“负面遗产”。新一代人的生平将从开始就由区块链加密，要伪造的话，需要修改整个档案系统。其他如银行征信、保险理赔等，也都是运用区块链技术的主要领域。

2010年，我国开始有以“区块链”为服务内容的公司。到2019年，这类公司的总数上升了70倍！很多当年的小公司也发展为大企业。可见，对区块链技术人员的需求会非常旺盛。

2020年，我国开始推进官方数字货币试点。笔者创作本书时，国内已经有人领到用数字货币发的工资。如果在不远的将来，数字货币全面取代传统货币，相当于全境交易都依托于区块链技术，将需要成千上万的专业人员。

同样属于信息领域，区块链技术人员现在主要由高校的软件专业培养，和程序员师出同门。其实，两者之间有明显不同。传统程序容错率高，发现问题可以随时打补丁。区块链因为有“牵一发而动全身”的特点，发生错误就会导致录入信息失效，所以完全不能出错。

当然，只要是人类的操作就难免有失误。如果一个区块链公司为客户书写的程序发生错误，就必须推倒重来，自己承担巨大的经济损失。也正因为如此，区块链运用必须十分谨慎。

和本书中大部分新职业一样，区块链行业没有“老师傅”。很多从业人员才20来岁，已经成为业务主管，原因是根本找不到年龄更大的区块链专家。这些年轻人必须边学、边用、边研究，因此极富开创性。

04 飞手

几年前，美国空军的规模到达了一个历史转折点，无人机驾驶员的数量超过飞行员。由于有人战机通常都是F22这种高精尖装备，不如无人机更适用于低烈度的反恐战争，所以和无人机驾驶员相比，“高大上”的飞行员反而没有多少作战机会。

这种转变已经在各国空军里发生。也门内战是第一场大量使用无人机的战争，而在前不久，亚美尼亚和阿塞拜疆更是爆发人类战争史上首场无人机混战。双方宣称击落对方无人机的数量，已经超过各自阵亡官兵的数量。

创造这些战绩的就是无人机驾驶员。他们坐在电脑前操控飞机，自然不如飞行员那样风光，实际地位很低。据说，美军无人机驾驶员在训练之余，还会被打发去修剪草坪。可见他们被视为低技术人员。

这场转变更多地发生在民用无人机上。现在，无人机还不能像《绝密飞行》中描写的那样可以自主飞行，每架都需要有人操作，于是需要一大批操作员。因为他们并不真正进入天空，称为飞行员似乎不妥，所以称为无人机驾驶员、无人机操控员，民间简称为“飞手”！

军用无人机都是大家伙，价值昂贵。除了飞手，还要有专业人员进行维护。民用无人机没那么金贵，飞手除了驾驶无人机飞行，还要学会装运、检修、维护等工作，他们集飞行员和地勤于一体。

不仅如此，飞手还要根据无人机的用途学习相关技术。航拍是目前人们了解最多的无人机运用场合。以前航拍需要动用有人驾驶的飞机，成本高昂。2012年，我国的大疆创新科技公司生产了世界首款航拍一体机。从此，很多小成本影视剧和纪录片都增加了航拍镜头，这其中就有“飞手”的贡献。他们除了驾驶无人机，还要知道镜头运用的技巧。

无人机的另一个用途是保护植物，确切地说，主要服务于农作物种植。以前，喷洒农药主要靠人工完成。遇到梯田或者又高又密的植株，人工完成的难度系数会加大很多。另外，人工喷洒会造成农药用量超过实际需求。令人头疼的农药残留问题，很大程度上就是人工喷洒所致。而飞行喷洒的效率是人工的几十倍，农药使用量却减少了一半。

在美国这样大田农业发达的国家，很早就用有人驾驶飞机喷洒农药。我国没有经历这个阶段，而是直接过渡到无人机喷洒农药。这些“飞手”还要学习农业知识才能上岗。

无人机的下一个用途是送快递。目前，快递业主要集中于城市。快递员进入一栋楼，能送四五家。偏远地区的快递业成本就高得多。特别是野外勘探队、海上钻井平台、边防军营等远离人烟的地方，目前还很难由人来完成快递服务。现在，已经研制出的快递无人机首先会运用在这些地方。

由于无人机的普及还不到十年，目前的“飞手”都来自其他行业，没有谁是科班出身。我国无人机保有量已经接近200万，是世界头号无人机大国，对“飞手”这一职业存在海量需求。

05　天基网投资人

1G、2G、3G、4G、5G……它们到底有什么区别？这个问题绕晕了好多人。放心，以后可能不再有6G、7G、8G，因为我们要迎来一个终极互联网时代，那就是天基互联网。

不管是什么网络，要产生良好的用户体验，必须广泛建设基站。我国现在拥有全球一半的基站，究竟有多少？答案是300万！结果，像珠穆朗玛峰这样的地方都能打手机。然而，我国的国土面积只有世界陆地面积的6.44%。事实上，有些发达国家的基站密度都不如中国，要让亚非拉发展中国家的用户都拥有我们的用户体验，全球得建4000多万个基站！

然而，天基互联网会取代它们。所谓天基互联网，就是向天上发射许多颗卫星，把它们当成基站。这样，无论你在沙漠中心，还是南极腹地，都不用担心没信号。天基互联网真正做到全球无缝链接。

我们现在已经有通信卫星。不过，它们要被发射到离地面约36000千米的地球同步轨道上，而且得保证每时每刻对准一个地区。这对发射的要求很高。构成天基互联网的卫星不用发射到这么高，它们基本是在1000千米左右的轨道上运行。这样就要求卫星数量必须多，保证每时每刻每个用户头上都有几颗互联网卫星飞过。

因为有一组卫星为你服务，所以天基互联网又有个名字，叫作星座互联网。一个这样的网络到底需要多少颗卫星？20年前摩托罗拉公司提出最早的天基互联网方案，预计发射66颗卫星。当时他们还真做了，但是还没有布局完，商业上就失败了。后来又冒出各种天基网方案，最多的据说要发射几千颗卫星！

其中有我国的虹云工程，计划发射156颗卫星，第一颗实验卫星已经上天。使用虹云工程发射的卫星，我们同样可以刷网页、发微博，和现在的手机使用体验差不多。而重点是它可以服务那些工作在深山老林、荒岛、沙漠的专业人员。

问题来了，造卫星在以前一直是复杂的技术工作，每颗卫星都要特别设计和特别制造，尺寸功能也各不相同，很像是一种手工作坊劳动。

这显然不符合天基互联网的需要，既然每颗卫星都是一个基站，其结构和功能都一样，它们就可以批量制造。

所以，为建设天基网，得先建设流水线式的卫星制造厂。虹云工程计划每年最多制造100颗卫星。贝索斯要发射3000多颗互联网卫星，SpaceX公司计划发射4000多颗。既然需求量这么大，只能用流水线方式去制造。

飞在天上的基站还有个好处，就是可以随时为全球服务。地面上的基站只能为周围一小片地方服务，所以要打开一个新的市场，就必须建立新的基站。而卫星绕地球转动，天基互联网会给全球提供服务。现阶段，先把互联网卫星都发射升空，最终接入还是不接入，那就是用户自己的事情。

天基网代替地面上的网络，只是时间问题。到“天网公司”上班，很可能在二三十年内实现。别害怕，天基网当然不是《终结者》里面那个“天网”。

06 高危职业——程序员

几十年前，很多工厂下班时，门口都会拥挤着成百上千的工人。如今，很多工厂实现自动化生产，在厂区里面看不到几个人。人口集中的地方反而是写字楼，特别是IT公司，每到上下班或者午休，电梯门口都会有很多程序员排长队。

我们能生活在信息时代，靠的就是无数程序员的贡献。不过，这个职业也很危险，因为自主编程的时代就快到来了！

我母亲就是中国第一代程序员，当时她们用穿孔卡片记录数据。有些卡片只扎了几个孔就报废了，我小时候的练习本就用它们钉成。

那时候，编程在我眼里是高不可攀的专业活儿。后来，编程难度逐渐下降，程序员开始戏称自己是“程序猿”“码农”，意思是这不算高技术行业。最近又出现了简易编程程序，它们服务于普通用户。就是说，即使没接受过计算机教育，也可以使用。

到了这一步，专业程序员的位子就很危险了。但最后的悬崖还不在这里。当人工智能可以自主编程时，人类程序员才开始走向没落。

2017年，彭博和英特尔的研究人员发明了“AI Programmer”。先向它输入指令，再输入想要的结果，它就可以自动生成程序。虽然现在“AI Programmer”的水平还只相当于菜鸟级的程序员，但是我对人工智能编程的前景没有任何怀疑。因为在2000年我还可以战胜电脑上的围棋程序，而现在这些人工智能已经战胜了人类世界冠军。

人工智能编程取代人类编程存在刚需。维护一套类似“AI Programmer”的程序，和给1000名程序员发工资，两种费用不在同一个等级上。由于信息公司之间存在竞争，自主编程你不用我用，所以这个门槛迟早会有人迈过。

而且，有的人类程序员会耍一些花招，比如留下后门之类。人工智能程序员不会考虑任何利益，叫它干什么就干什么。

未来，唯一阻拦人工智能程序员发展的很可能是法律问题。人类程序员的编程出现问题可以追责，人工智能程序员的编程如果出现问题，责任在哪一方？但是，与人工智能程序员提高的效率相比，这似乎也不会成为大问题。

07　高危职业——翻译

几十年前的一天，我拿起某本科普杂志，看到目录上有篇文章，名字叫《21世纪最重要的十种发明》。我翻开那一页，结果，排名第一的不是新型飞船，或者某种新式武器，而是“通译机”！

人类有2000多种语言，将来人们拿着通译机，就能随便把其中一种翻译成另一种。在那篇文章里，通译机被形容为一个小盒子，人们可以方便地带着它走遍世界。后来我发现，硬件是什么并不重要，里面的软件才是关键。

上了大学我才知道翻译的厉害。那时候英语也要过级，当时我只过了二级，据说只相当于高中英语水平，也就是勉强能拿到毕业证。当时不管哪门专业，英语都是头等重要的科目，评职称都要考英语。所以，很长时间我都相信，21世纪最重要的发明将是通译软件。

20年前我开始写作生涯，同时也帮人看稿子，做兼职编辑。当时就有人用软件去翻译国外科幻小说，稍加整理便投稿。结果根本读不通，所以，遇到这种稿子直接退掉。

当时盗版还很严重，盗国外著作的方式也是用翻译软件，然后稍加整理。印象中直到2000年，市面上还有这种书，其中的每句话都能读懂，但放到一起却不知道是什么意思。

当时我还觉得机器翻译这么笨，那个通译机的伟大设想不知道什么时候才能到来。没想到就在最近几年，至少在“英译汉”“日译汉”这些领域，翻译软件的结果已经基本能看懂。不知道汉译英、汉译日的结果，对方读者是否有相似感觉。

早在20世纪30年代，苏联人特罗扬斯基就设计了机器翻译软件，并登记了他的发明。只不过在计算机发明前，这属于纸上谈兵，所以最终没有制造出来。1954年，IBM公司完成了第一次机器翻译，是英语和俄语之间的翻译。

1957年，我国开始研究机器翻译，是汉语和俄语之间互译，当时在世界上排名第四。到了1980年前后，机器翻译的研究在我国如火山爆发一般，受对外开放政策的影响，汉英、汉德、汉俄、汉日、汉法等领域都有人在研究。

进入网络时代后，搜索引擎更加快了机器学习的进度，翻译软件的水平飞速提升。百度、科大讯飞等公司在这方面取得了长足进步。

美国未来学家科兹威尔曾经预言，机器翻译的质量能在2029年超过人工翻译。我觉得可能会提前，尤其在网络时代，网上各国网友的海量文字，各国网民互相翻译，其总量已经不亚于正规文献。这也使得机器翻译水平大为提升。

未来，翻译这个职业的日子越来越不好过。因为大部分翻译工作的内容不是小说之类富于个性的文字，而是法律文件、技术资料等标准化文字，这方面机器更有优势。至少，相当一部分没有再创作能力的翻译会失业。

第六章　与环境开发有关的职业

很大一部分人提到大自然，其实想到的只是“地表”。他们很少知道极地、海洋、地下和外太空是什么样子。这些领域都需要科学家去探索。科学进步的一个重要标志，就是不断进入新环境，找到新资源。而环境开发也会带来大量新的岗位。

01 浮城建筑师

看过凡尔纳的《机器岛》吗？一群富翁集资，用大量钢铁连接成岛屿，再由巨型蒸汽机推动，终年在海上自由漫游。这个理想很快会成为现实，那就是超大型浮体。

想象一下，把“辽宁号”航母的长和宽各增加十倍，但是高度不变，它就成了一个扁扁的金属平台，超大型浮体就是这个样子。以今天的技术，已经不需要一大批钢铁建成机器岛，只需要把几个大模块拼起来就行，而且每个模块都比普通邮轮还要大。

这样拼起来的超大型浮体，长达3000米，宽几百米，上面能起降大型飞机。由核动力驱动，以每小时几海里的速度行驶。看似很慢，但是超大型浮体和轮船的功能不同，一般会固定在海洋中的某个位置。所以，它们的动力只是用于搬家。

为什么要建设超大型浮体？很多人马上想到军用，把它想象为超级航母。其实，超大型浮体主要以民用为主。把它定位于大洋中的某处，可以作为周围海洋产业的支撑点。包括海底采矿、深海养殖、海洋发电等，主体产业都设置在机器岛上，远远布置在大洋深处。

超大型浮体还可以作为疗养地。海洋环境有助于健康，曾有人统计不同环境里居民的平均寿命，结果是海边居民群体的寿命最长。生活在超大型浮体上，就等于生活在海边。目前的国际邮轮业务的主要顾客都是中老年人。超大型浮体也可能成为退休人员的旅游地。这样的话，他们可以不用像乘邮轮那样匆忙，可以长年累月地住下去。

在陆地上搞航天发射，受限于道路条件，火箭不能造得太粗。所以，美国和中国都把重型火箭用船运到海边的发射场。相比之下，超大型浮体是更好的发射场。它可以在赤道附近发射火箭，最大限度地节省燃料。

超大型浮体还是一种封闭环境。危险性较大的科学实验，以及有防疫需要的隔离医院，都可以建在超大型浮体上。万一出问题，把其中一节模块断开就行。

理论上讲，地球表面的一半属于公海。所以，不管哪国人，不需要签证就能在公海自由往来。公海属于全人类，也包括内陆国。但是由于内陆国没有出海口，这项权利对他们来说没有意义。今后，像哈萨克斯坦或者埃塞俄比亚等国，都可以建设自己的超大型浮体，在大洋中拥有一片国土。

未来，海平面会上升。但是对漂在海面上的超大型浮体而言，海平面的升降对它不会产生任何影响。所以，人类逐渐移民超大型浮体，是未来几百年对付海平面上升的主要手段。

超大型浮体的好处这么多，职位也会相应产生。如今，每艘巨型邮轮上都有数千名员工，从规模上类比，一座超大型浮体需要的工作人员要加几倍才行。到时候，很多人会以大洋深处为家，从事驾驶、维修和服务工作。

02 海洋钻“井”工

打井取水，自从人类定居下来搞农业，这就是必不可少的劳动技能。种了几千年土地，陆地上很多地方的地下水已经超采。比如，我国华北地区下面就有个几万平方千米的“水漏斗”，就是地下水位超采形成的空洞。

然而随着人口增加，经济发展，淡水需求只会上升，不会下降。陆地上的淡水资源越来越少，国家之间还会发生水资源争端。要在哪里找到更多淡水呢？其实，有个大家想象不到的地方，那就是海洋！

小孩子都知道海水是咸的，如果从海洋里获取淡水，必须使用海水淡化技术。但是使用这种技术需要很多设备过滤海水，还会形成盐分污染。所以到目前为止，虽然大部分人都住在距海边100千米范围内，但是海水淡化量只占全球淡水使用量的1%。

海洋里面也有天然淡水，这个知识点很多人不知道。其实，全球各地的海洋，特别是近海，一直都有局部淡水聚集现象。比如，希腊爱琴海海底有处涌泉，一昼夜能流出1立方千米淡水！我国的大连湾有个“海中龙眼泉”，也会不断向上冒出淡水。福建漳浦县古雷半岛东面海上有个“玉带泉”，也是一片淡水区。

海里怎么会有淡水？原来，浅海海底在几十万年前还是陆地，本身就埋藏着地下淡水。这些地方被淹没成海洋后，淡水就被封存在原地。另外，地球深处的氢和氧从海底冒出来，也能化合成水。在有些地方，这些淡水来不及与咸水混合，直接涌到海面，就形成局部淡水区。

澳大利亚的研究人员认为，海下淡水不是局部现象，估计全球蕴藏量有50万立方千米，相当于20世纪人类开采地下水总量的100倍！或者说，按照20世纪淡水使用水平，海洋淡水可以用100多年。所以，这是个极有潜力的资源。

上面这些例子都是海洋里自然形成的淡水区，要普遍使用海底淡水，从勘探到开采都需要一定的投入。所以，比起陆上打井，海上打井要晚得多。2003年，法国纳菲雅水公司在意大利芒冬和凡蒂米之间的浅海底找到一处淡水资源，位于水面下36米深。通过管道，他们成功把淡水引到上面，每秒采集100升。

这是历史上第一次商业化开采海洋淡水。2007年，我国也在浙江舟山群岛嵊泗县附近21千米处打出一口淡水井，每秒获得300多升淡水，而且稍加处理就可以饮用。嵊泗县位于岛上，之前8万多人的用水靠大陆供应，这口淡水井大大缓解了他们的用水困难。

与海洋石油钻探不同，海底淡水资源通常都在浅海和近海，不需要庞大而复杂的钻井平台。而且，这些淡水就近服务于岛民或者沿海居民，也不需要像石油那样长途运输。所以，海底淡水是一种非常环保的资源。几十年后，“海洋水井”就会像现在的浅海风机一样遍地开花。

03 消波艇驾驶员

水运成本低，运量大，但是速度不存在优势，肯定慢于汽车，更不用和飞机相比。然而，某种新发明可能会改变这种历史，它叫作消波艇。

船舶在水中航行会兴起波浪。速度越快，波浪越大。很多能量都消耗在波浪上，速度提高一定程度就达到了极限。所以，人们为克服波浪问题费了不少脑筋。现在已经商业化的气垫船就是其中一种。它可以实现每小时60—80千米的速度。在三峡库区或者港澳之间，气垫船都已经商业化。

还有一种设计叫作“地效飞行器”，它贴着水面航行，极限重量达到1000吨，比飞机大得多。时速可达到400千米，又比船快得多。但由于安全性能差，始终没能投入使用。

上海析易船舶公司创造的消波艇，既有可能把速度提到更高，又比地效飞行器安全。这种小艇开起来后，两侧完全无波，水从后面喷出来增加推动力。形象地讲，就像是不停地打水漂前进。

目前，这种小快艇已经进行过多轮测试，时速能达到73千米。这个速度已经接近陆地上的普通车辆，或者接近运动型摩托艇，而其运力远大于后者。在内河和湖泊上，消波艇可以成为摆渡、旅游和公安用船。

不过，这并非它的终极速度。理论上讲，这种消波艇的时度能达到200千米。只有海洋才是它的舞台。而且，目前搭载几个人的小艇只是一种原理实验艇，将来投入海洋使用，至少会制造成气垫船那么大。

这种大洋上的消波艇，甚至能充当微型航母。普通飞机的起飞速度，也就是每小时两三百千米。如果在消波艇的甲板上停放一架飞机，把时速开到200千米以上，机翼的升力可以让飞机直接升空。

时速如此之快的消波艇，未来最大的市场是服务于海岛交通。像菲律宾这样的国家，岛与岛之间的运输就是经济命脉，所以船只速度越快越好。当超大型浮体建成后，这些人工岛之间，以及它们与天然岛屿，它们与陆地之间的航运，也需要消波艇完成。特别是执行紧急救援、护送病人之类的任务，消波艇可以和水上飞机相比。

在不远的未来，这种海上快车会大批出现。而它的性能也不同于传统船舶，需要有专门的驾驶员。

04 深海飞行员

在我们身边，有一个神秘感不亚于外星的地方，那就是深海。由于海水的隔离，人类很少进入深海。当然，潜艇可以实现这种功能。不过，潜艇要利用浮力原理升降。它的运动能力和飞艇一样笨重，如果是能潜到几千米海底的深潜器，每小时仅能走一两千米，比人的步行还慢。另外，由于要用吸水的方式下潜，以排水的方式上浮，潜艇在不同高度之间的升降过程也很慢。

即使不考虑这些问题，潜艇作为一种特殊的军用品，船体宽大，抗压能力差，只能在中上层海洋航行。而科学研究和工业生产关注的是海洋底部，那里的平均水深有几千米，几百个大气压，是军用潜艇到达不了的地方。

水和空气一样是流体，符合流体力学。飞机机翼的横截面上凸下平，靠这种形状在空气中形成升力，灵活地穿行于各种高度。那么，只要把机翼反过来，下凸上平，不就可以利用水的压力下降吗？

这种利用流体力学原理制造的深潜器，有着宽而短的机翼。它的大小类似普通飞机，平时漂在水面，启动后只要速度增加，便在机翼上表面形成压力，导致下潜，如果减速就会上浮，升降速度远高于潜艇。翼形潜水器能在深海里高速而灵活地航行。对于海洋科学考察、深海开发，甚至文物考古都有重大的推动作用。

2010年，英国维珍集团展示了一架“潜水飞机”，它的总体结构类似飞机，短而宽的机翼更像是鱼鳍。理论上，它在深海里的速度能达到100节（1节就是每小时航速为1海里，即1海里/小时）。这种潜水飞机和潜艇比较，就像飞机和飞艇之间的差距一样大。

中国科学院沈阳自动化研究所发明了无人水下滑翔机“海燕号”。它的外形类似鱼雷，但翼部比鱼雷稍长。“海燕号”可以下潜到6000多米，连续航行4个小时。要知道，载人深潜器贵比飞船，全球也没几架。但是这种水下滑翔机可以制造成百上千架，大规模地探测海底。

未来的潜水飞机将模仿鳐的形状，制成三角形艇身，机翼面积大，形成的“降力”也会增加。这种艇身舱室小，抗压能力强，可以载人下潜到几千米，适用于99%的洋底。

一旦潜水飞机技术成熟，将会大量应用于深海科研和工业开发。因此，也需要培训一批像飞行员那样驾驶潜水飞机的“深海飞行员”。

05 水下城市管理员

1977年，“007”系列电影推出一部新作，名叫《大战海底城》。之所以选择这个题材，是因为那时正值深海考察的热潮，市面上出版了很多描写这个题材的科幻小说，都在设想人类居住海底的前景。在《星战大战1：幽灵的威胁》和《海王》中，一个个智慧物种都生活在海底。

科幻片的情节固然令人神往，而现实当中，德国和美国都曾建设水下基地。不过，它们只是海军基地的附属物，不是独立的基地。世界各国，尤其是沿海国家都有建造水下城市的想法。荷兰因为地势低，一直在兴建水下建筑，主要方法也是从海边城市延伸出去。

在民用方面，中东迪拜曾经有人拟建一座水下酒店。它有200套房间，还有娱乐中心，都设在水下，最吸引游客的便是可以随时从窗口瞭望海底景观。它是一家海边酒店的延伸，游客从酒店走地下通道，进入这个微型海底城。可惜，由于兴建时赶上金融危机，这个项目停工。

还有一种“倒立摩天楼”的设计。先在海面上建成大型浮动平台，然后朝下延伸，一层层修建，最后建成一个倒扣着的水下大厦。

和一般人想象的不同，人进入这种海底城，并非是要站在海底，而是站在浮动的建筑里面。如果船舶体量达到航母水平，就足够抵御12级风浪。而这些海底城的体量大得多，又建筑在风平浪静的近海，所以虽然漂浮着，却会稳如泰山。

不过，水下缺少阳光，并不是更好的居住环境。所以，这些水下建筑基本都用于观光。只有工业用途才需要更多的海底城。如果人类大规模饲养深海鱼，就需要在水下设置站点，以便观察、投喂和捕捞。如果利用海底洋流发电，也需要必要的深海观察站点。采集海山山坡上的富钴结壳，也需要先从倒立的海底城接近它们，小型采集设备再从海下建筑出发。这些都是工业用途的水下城。

居住在水下不等于居住在海底。不过，海洋底部本身就有重要的科研价值。美国海洋研究所曾经在百米深的水下建立考察站。随着材料技术的发展，科研人员会把一段段类似潜艇艇身的金属筒放到洋底，连接成类似空间站那样的实验室，形成大洋科研基地。

所有这些水下建筑，都会提供大量就业岗位，而且都是高技术岗位。届时，你会终日与窗外星星点点的发光水母相伴，在黑暗的水下空间里工作。

06　深海采矿工

人类为了采矿，很多陆地被挖得千沟万壑，同时造成了严重的环境损害。采矿会形成地面塌陷，导致有些矿区环境不适宜人们居住。

现在，人类发现了另一个矿藏富集区，那就是大洋底部。世界各处洋底都分布着锰结核、富钴结壳等金属矿。它们是以铁和锰为主的多金属矿，其中包含的金属总量是陆地的很多倍。仅每年从海水中新增的储量，就相当于人类全年金属使用量，是典型的可再生资源。

把采矿从陆地移到深海，就不破坏生态了吗？其实，海洋生物主要集中在中上层。几千米深洋底水流几乎为零，养分稀少，只要不是在海底热液的喷口附近，生物都十分贫乏，单位面积上的生物量还不如陆上的沙漠，可以看成是海底沙漠。而采矿过程中引起的泥沙搅动，有助于洋底氧气的流通。类似大型沉船这类的人造物，会吸引海洋生物，并在海底形成小绿洲。

海洋中的金属资源不同于石油，主要分布在深海，远离各国海岸，从法理上大多属于公海，但也不是无人管理。位于牙买加的国际海底管理局负责它们的划分。这些年来，该局已经在南太平洋和印度洋给我国划了七个区块，总面积超过了河南省。

想象一下，在面积超过河南省的盆地上，每平方米就有几千克矿产，那是何等壮观的资源。未来，深海矿藏将逐步取代陆上矿山，成为人类金属材料的主要来源。

由于隔着几千米海水，人类探明这些资源后却不能利用。目前，中国福建马尾造船厂已经制造出世界首条深海采矿船，可以采集3000米以下海底的金属矿。

这是深海矿业的开端，也是矿工从陆地搬入海洋的开始。当然，未来的深海采矿工并不需要像陆地前辈那样钻洞，而是在采矿船上操作机械。他们使用搅吸作业，通过软管把锰结核吸到海面，再进行浮选，最后形成的矿石会装船运走。他们的工作环境比危险的陆地矿业好得多。至少，海上开采永远不会发生矿难。

由于远离陆地，深海采矿工需要在大洋上长期工作。不过，第一艘深海采矿船就有200多米长，使用面积超过钻井平台。这种船一旦技术成熟，业主就会追求吨位。

未来，超大型浮体建成后，采矿和加工成为它的优先功能。届时，深海采矿工会长期生活在这些人工岛上面，生活条件将会优于海上的石油工人。

07　地热发电工

地球上什么能源的规模最大？石油、煤炭、风能、水能，还是太阳能？都不是！

地球深处的热能相当于它们的总和。

在我们脚下有一种取之不尽的能源，它就是地热。有些地方的地热资源离地面很近，会冒出天然蒸汽，通过管道把它们引向汽轮机就可以发电。这个原理和火电站一样。

因为原理简单，早在1904年，意大利人就在托斯卡纳建起世界上第一个地热电站。虽然当时产生的能量只能点亮几个灯泡，但是证明此法可行。

西藏羊八井地热电站使用的就是这种天然蒸汽。它位于海拔4300米，这里地壳很厚，但由于附近有断裂带，形成热田，所以终日蒸汽缭绕，属于温度中等的浅层地热资源。从20世纪70年代开始，我国就在这里建设大规模地热电站。

现在，羊八井地热电站是全球同类电站中唯一达到工业规模的，其他都还只是实验电站。依托这个电站，当地建起加工厂、大棚农田，还有旅游设施。

人们在实践中发现，天然蒸汽含有大量酸性物质，会腐蚀发电设施。所以，发电规模一直难以提升。后来，人们改用管道将高压水灌下，接触地热面形成蒸汽，再用另一端管道提升，驱动汽轮机发电，冷却后的水再次灌入地下。这种技术叫作干热岩发电。

世界各国纷纷建设此类发电实验站，规模最大的位于韩国浦项。这个电站可以把高压水注入4—5千米深的岩层，利用地热能转化成蒸汽。可惜，由于高压水进入地热深井附近的岩层断裂带，在2017年诱发5.4级地震，给地面造成了破坏。这也是人类造成的规模最大的人工地震。鉴于其存在的危险性，这个实验电站已经关闭。

从技术成熟度来讲，长期以来，人类利用地热的主要方式是把热水引出地面，直接供给取暖，或者建设温泉酒店。以供暖面积计算，我国的天津市是全球最大地热城市，变相节约了煤炭。

地热发电由于受限于各种技术条件，目前还处于实验阶段。美国是全球地热发电量最多的国家，地热产生的电能也只占全部能源产电量的0.5%。

不过，从长远来看，使用地热发电不会对空气、河流构成污染，优于火电。它可以占用荒地进行，而且能量密度比风能、太阳能大得多，也不像利用水电那样需要大规模搬迁人口。展望未来，地热发电是非常理想的能源之一。我国也在设计大量干热岩电站，希望它们逐步取代火力发电。

这样一来，就需要大批地热发电人员。他们的工作环境会优于火电站，既为能源事业，也为环保事业做贡献。

08 地下建筑师

楼盖得越高，地基就要挖得越深。城市越现代化，地下管道就越多。像上海这样的国际大都市，居然有16%左右的建筑面积位于地下。可想而知，我们需要一批地下建筑设计师，也需要庞大的地下工程队。

我们的祖先住在天然洞穴里，上面覆盖着厚厚的岩层，可以视为变相的地下空间。人口增加后，古人会在地面挖出大坑，再掏挖出半潜式房屋，成为半地下建筑。直到现在，西北地区还保留着成片的“地坑院”。远看过去是平地，走到眼前才能发现有个院子位于地下。

北方著名的窑洞虽然位于地上，但由于覆盖在土层下面，建设时需要考虑土壤和岩石等条件，也算一种地下建筑。

再后来，人类大规模在地面建房，取代了地下建筑，只有帝王陵墓或者粮仓还建在地下。工业革命后，以1863年伦敦兴建第一条地铁为标志，地下建筑重新兴旺起来。

空军的诞生，把很多国家的重要军用设施逼到地下。从第二次世界大战到冷战，各国兴建了大量防空洞，还修建了地下工厂、地下医院，有一些防空设施的规模类似微型地下城。

我国曾经搞过“深挖洞”运动，留下了大量防空洞穴。其中最大的要数重庆816军工洞。它建设了16年，使用面积达10万平方米，大小能驻扎两个团，这个面积位居世界人工洞穴首位。

进入和平年代，地下建筑仍然日益兴旺。日本人多地少，他们很早就在城市中发展了大量地下商业街，再把它们连成片，变成地下城。加拿大因为寒冷，出于保温目的搞起地下建筑。蒙特利尔有座地下城，面积有80多万平方米。

除了商业设施和交通设施，还有一些工业设施需要建在地下。比如水电站、石油储备库等。很少有人光顾那里，但这些地下设施体量巨大，接近地下城。

随着地下施工能力的增加，我国的地下建筑也日益丰富起来。这些年建设的大部分大型商场都有地下部分，这在20世纪90年代以前几乎看不到。一些过去的防空洞也被改造成小旅馆。在重庆，用防空洞改建的餐厅是当地的一种特色。

直到这时，地下建筑多半还是地上建筑的副产品。今后，出于节省土地的目标，单独的地下建筑会越来越多。北京五棵松地区有个商业广场，就完全是下沉式建筑，上面是平地。

设计这种独立的地下建筑需要专门的设计师。他们和地上建筑设计师一样需要考察地质结构，但不是挖地基，而是要把整座建筑容纳其中。地下建筑师最终会发展出独特的设计文化。

09　宇宙空乘

国际航班经常飞10多个小时，跨洲越洋的乘客都很辛苦。然而，当年加加林第一次进入太空，从起飞到降落只花了108分钟。所以，理论上人们能在2个小时内飞到地球上的任何机场。

当然，普通人坐不起宇宙飞船，能实现这个梦想的工具叫作“跨大气层飞行器”，又称空天飞机。它既能在大气层里飞行，也能在宇宙空间飞行。

要在大气层里飞行，必须符合流体力学，在宇宙空间里则不需要。所以，航天器的外形看起来都很臃肿。它们一旦返回大气层，就只能靠降落伞着陆。

另外，2种飞行器的推进原理也不同。喷气式飞机要从前方吸入空气才能工作，而传统航天器靠火箭发射，里面自带氧化剂，可以在空气稀薄的高层大气里工作。

不过，科幻片里面那些高级飞船，可都是从地面上起飞，直接进入太空，还能像飞机一样再降落到机场上。20世纪60年代，发达国家的科研人员就开始研究这种科幻式的飞行器。最接近这个理想的成果，就是美国的航天飞机。必须像飞船那样将它运到发射场，靠火箭发射，但它已经能做滑翔飞行，并降落在普通机场。

当然，大家知道航天飞机的悲剧。美国一共造出5架，有2架发生了爆炸事故。而且，原定每架航天飞机都能使用100次，现实中5架加起来才飞行了100次。所以，航天飞机成了昂贵的实验品。不过，它给人类跨大气层飞行提供了丰富的经验和教训。

如今，美国的无人航天飞机X-37B已经试飞成功。由于不载人，其尺寸只有航天飞机的四分之一，能将两吨荷载送入太空，然后在机场降落。不过，它仍然要用火箭发射。

将航天发动机与航空发动机捆绑在同一个飞行器上，让它们在飞行中自由切换，这需要更小的发动机和能量更大的推进剂。未来，很可能使用旋转爆震发动机，靠一系列爆炸产生推力。而使用的爆炸物是我国科学家研制成的全氮阴离子盐，其单位质量产生的能量可达三硝基甲苯（TNT）炸药的三倍，会成为优质的推进剂。

这些前沿技术成熟后，空天飞机就可以实现从机场到机场的太空飞行。当然，现在的空天飞机着眼于轨道飞行。以X-37B为例，它入轨后最多要待200多天。至于未来向太空站送给养，运送生病的航天员等，也都是空天飞机最初的任务。

不过，空天飞机技术成熟后，其成本会迅速下降，成为普通民航技术。届时会出现这种局面，传统客机跑中短途，空天飞机跑国际长途。当然，它的票价会比传统客机贵，但是相信一些政府要员或商务人士愿意支付。由于可以对接空间站，太空旅游也将是空天飞机的初步业务。

届时，商业用途的空天飞机上有新的服务人员——宇宙空乘。

10 太空采矿工

人类并非只能在地球上获得资源。在太阳系已经发现的烃类物质（类似石油和天然气）有地球表面的几十倍，金属是地壳中含量的几千倍，水达到10万倍（以冰的形式存在），太阳能是地表的100亿亿倍。至于空间，太空中要多少有多少。

只要人类能把生产设备搬入太空，我们就能掌握至少相当于几十个地球的资源。人类登天要完成的第一步是去近地小行星。近地小行星是指本身轨道与地球轨道交叉的小行星，它们中最近的能穿过月球和地球之间。这些小行星最大的长33千米，很多只是长几百米或者几十米的石头块。把它们都堆起来，体积大小不如一座喜马拉雅山。

宇宙间是微重力环境，既有利于科学实验，也有利于很多特定的工业项目的完成，如冶金、制药等。火星和月球都有重力，而近地小行星通常只有船舶大小，可以看成天然飞船，接近零重力。

其中有些岩石小行星是人类的落脚之处。就拿我国“嫦娥二号”近距离考察过的图塔蒂斯小行星来说，它长4千米，宽2千米，高1.7千米。可以想象，在这个岩石小行星里面挖出几万立方米的空间，完全没问题。而且它永远在天上飞，要知道，我国花几亿元发射的实践十号微重力卫星，只在太空中待了12天。

登上岩石小行星，人类可以在里面挖洞，搞实验室、办工厂。地球周围还有金属质小行星可以开采。其实，古人最早使用的铁就是陨铁，来自近地小行星。现在我们只是扩展了这个过程。

当然，金属质的小行星所占比例很小，但是人类已经发现两万多颗近地小行星，即使很小的比例，总量也非常可观。其中一些小行星本身就是大铁疙瘩，飞船只要靠上去就能开采。当然，并不需要把这些金属搬回地球，而是去建设前面说的那种巨型岩石实验室和岩石工厂，因为那里面需要大量金属。

有的近地小行星里面还包着冰块。虽然小行星很薄，在轨道上经常遭受太阳直射，但小行星都在自转，向阳的一面刚刚烘热，就会转到另一面，并朝寒冷空间散热。所以，某些大型近地小行星的内部会蕴藏着不融化的冰块。

据估算，2万多颗小行星包含的冰，总量大概有4亿到十几亿吨。有冰就能融化水，有水就能电解出氧气，这些都是生命必需品。当然，也不需要把它们运回地球，而是代替航天给养。以后我们就不需要向太空发射这两样给养，可以直接从“太空水库”里面采集。

有岩石、金属和冰，人类只需要发射机械设备，就能把它们转化成产品。30年后，你们很可能正在为开掘第一个太空城，在地球附近开发各种小行星。

第七章　与环境保护有关的职业

对自然环境，人类要做到有取有舍，在某些地方开拓，在某些地方退让。从最初无序地开发自然，到未来有序地保护自然，这个转型过程中会产生一大批与环境保护有关的职业。

01 保护区管理员

约1.2万年前，中东地区有一小批人种植小麦，开启了人类农耕史。约1万年前，在我国广西有一小批人种植水稻，形成了又一片农耕文化区。

没有农耕，就没有后来的一切文明，我们也不可能安坐在屋子里阅读和写作。所以，我们永远感谢那些刀耕火种的祖先。然而，农耕也给自然环境带来永久性的损害。当人类把一片地方的森林砍掉，改种庄稼，这片地方的生物总量就会大大减少。

同时减少的还有生物多样性。人类定居后，为了安全需要，驱逐和杀死大量猛兽。为了保护收成，又想尽办法从农田里赶走小动物。曾经我国的森林覆盖面积有70%，华北平原上到处都是大象和犀牛，而我们的祖先花了几千年时间，把它改变成今天的样子。

工业革命后，人类改造自然的能力激增，同时，由于人口暴增，必须大量增加耕地。法国和美国两个国家在19世纪分别扩大了一倍的耕地。像迪拜或者位于北极圈范围内的地方，以前不宜人居，现在也兴建了城市。到今天，人类改造了陆地面积的77%。

物极必反，也正是在19世纪，人类意识到保护自然的价值。1872年，美国建立的黄石国家公园，成为世界上第一个自然保护区。1956年，我国在广东肇庆建立了第一个自然保护区——鼎湖山自然保护区。

1994年，《中华人民共和国自然保护区条例》公布，保护区建设开始提速。如今，六分之一的国土已经成为保护区。

然而这还不够，美国进化生物学家威尔森提出“半个地球”的口号，希望将保护区面积扩大为陆地面积的一半，人类只使用另一半。要实现这个目标，人类还要放弃已开发土地的三分之一。

当然，扩建自然保护区必须以生产率的提高为前提。以我国为例，20世纪50年代第一次人口普查，直接调查到的有5.7亿人左右。为了供养激增的人口，我国大量开荒，耕地达到18亿亩。如今，我国的人口增加为当年的2.5倍，耕地减少到14亿亩，在不断退耕还林还草的前提下，是科学技术把粮食单产增加了4倍！

保护区禁伐禁猎，但不等于没有人。保护区越大，越需要管理员。他们不仅要防止不法人员偷入，还要监控保护区里面的灾变。

以山火为例，人类在某片地方搞农耕，这里的植物总量就会锐减，地块被田垄和水渠分隔开，所以一般不会形成连片火灾。一旦退耕还林，山火的威胁就会重来。国外近几年多次发生的大规模山火，其实是生态环境恢复的副产品，这种危害同样影响周围的人类社区。另外，随着野外生态恢复，大型猛兽数量上升。

所有这一切，都需要保护区管理员及时发现和消除。他们还要负责接待科研人员，以及合法的游客。

02 生态修复师

2018年，高楼林立的上海出现了一栋“低楼”，名叫“世茂深坑洲际酒店”，位于天马山采石场。这里经过几十年开采，直到废弃，留下约88米的深坑，宛如地面上的疮疤。当年为这个酒店立项，其中一个目的就是修复这道伤痕，这其中也体现了深厚的环保意识。

随着科学技术的发展，人类对自然资源的消耗规模不断下降。过去大量出现的矿山、工厂、黏土采集坑，甚至大片低产农田纷纷被放弃。

按照“半个地球”的理想，还可能有占陆地面积20%左右的上述用地被放弃。其中一些地方岩石裸露，坑深壑宽，急需人工修复，或者将其改建成旅游点、公园等。

作为一幢向下建的建筑，“世茂深坑洲际酒店”在建筑、防震、安防等领域都是先例，建设过程中形成了大量新技术，最终入选国际十大建筑奇迹，也是生态修复的范例。

无独有偶，南京浦口区的蜂巢酒店也建立在废弃采石场里。只不过它紧贴着半面山，不用向下建。

毕竟把工业遗址改造成酒店，需要考虑商业价值，而有些工业废墟被改造成花园。英国人在康沃尔郡一处黏土采集场的废墟中兴建了名叫“伊甸园”的巨型温室。这是全球最大的单体温室，里面种植了几千种植物，供人们观赏。

加拿大布查德夫妇出资，将维多利亚市一个水泥厂的石灰石矿坑改造成低洼花园，夫妇二人周游世界，采集多种花卉并种在里面，每年吸引逾百万游客前来参观。

美国密歇根州也有一处为水泥厂配套的采石场，废弃后被改造成港湾高尔夫球场。原来这里荒凉得像月球表面，现在已经成为旅游度假地。

另一些废弃矿山被改造成矿业公园，让人们了解生产过程。亚洲最大的矿业公园位于湖北省黄石市，名叫黄石国家矿山公园，由大冶铁矿改建。其核心景观“矿冶大峡谷”有1平方千米大小，是当年采矿留下的深坑，深约444米，其体量在亚洲位居第一。

我国正在经历高速的工业化，大地上留下了很多工业疮疤。将来，它们陆续退出生产序列，生态修复行业会成为重头，其投资规模不亚于矿业生产。

如上所述，生态修复师多出自建筑专业，或者园林设计专业。不过，他们要进行因地制宜的修复设计，既需要研究开发后留下的特殊地形、地貌，又需要了解矿业生产的历史，必须集人文知识与技术于一体。生态修复师将成为高含金量的职业。

03 海堤建设工

如果将25年视为一代，上溯1500代，当时的海平面比现在低100多米。我们的祖先可以直接走到现在的日本、印度尼西亚和澳大利亚。上溯7000代，当时的海平面则比现在高10米！

沧海桑田，海平面的上升和下降，是地球本身运行的结果。人类文明发祥时，人们感受不到海平面变化的影响。那是因为农耕和游牧都发源于内陆，海边是荒凉的地方。像古希腊那种海洋经济，在人类历史上只是异数。

随着经济发展，人类越来越靠近海洋。如今，三分之一的人类生活在海岸线60千米内。全球经济排到前十名的城市，有8座在海边。于是，海平面变化成了大问题。估计到2100年，海平面至少上升1.5米，像上海、纽约这些经济中心都会遭受威胁。

怎么办？难道要将城市和工厂整体内迁吗？最经济的办法就是建造海堤。这方面荷兰人做了表率，荷兰领土有四分之一低于海平面，为此，荷兰人总共建造2400千米海堤进行保护。

海平面上升，还经常伴随短期灾难。2005年，飓风袭击美国新奥尔良市，那就是一次海侵事件。原有海堤被冲毁，海水退后，美国在当地新建海堤，并从原址向外推出几百米。为此，政府总共花费100多亿美元。由于新奥尔良市每年GDP有2000多亿美元，花这笔钱还是值得的。

未来最大的海堤可能会建在直布罗陀海峡。因为地中海两岸都是全球富裕之地，海平面上升给它们带来的危险极大。直布罗陀海峡是地中海与整个海洋体系唯一的自然联通处。另一端苏伊士运河是人工河，水量不仅少，而且可控。如果海平面上升开始威胁地中海沿岸国家，最好的办法就是在直布罗陀海峡截断海水。

直布罗陀海峡最窄处仅13千米，但是深度却有300米，建设海堤颇有难度，估计要花费2000多亿美元。如果这条海堤没钱建，至少可以在东端博斯普鲁斯海峡建设海堤，保护黑海沿岸国家。那里最窄处只有708米，最浅处只有27.5米。

在我国与之最为类似的工程，是在渤海海峡建设海堤。此处有一系列南北排列的海岛，可以作为基础向两边延伸到山东半岛和辽东半岛，最终将环渤海经济带保护起来。不过，海峡宽达上百千米，海堤的规模可想而知。

相对而言，东南沿海很多城市直面大海，没有峡口这种地理优势，恐怕只能建荷兰那种漫长的海堤。

无论如何，未来几十年，沿海筑堤会成为人类最大的基础工程项目。身为“基建狂魔”，中国工程队肯定也会当仁不让。届时，无论你是工程师，还是工地上开吊车的工人，都是比较有前途的。

04　垃圾处理师

在笔者出生的1969年，中国约有1.4亿城镇人口。2019年，这个数字达到8.48亿。有些人可能会在这个增加量中看到更多商机。然而，人口数量的增加也意味着产生更多的城市垃圾。现在一个城市所有居民扔掉的垃圾量，远非当年可比。

这一变化在发达国家早就已经出现。他们没有地方堆垃圾，就把相当一部分转移到发展中国家。如今，越来越多的国家富裕起来，不愿意变相成为一些发达国家的垃圾场。同时，城市人口还会不断增加。未来，垃圾处理便成为刚需，是一个潜在的高成长行业。

几十年前，“收破烂的”就蹬着三轮车，走街串巷收废品。当时，他们的收入超过普通工薪阶层。其中一些人完成原始积累，还雇用民工搞废品回收，有的甚至成为百万富翁。

城市改造后，大量社区实施小区化管理，废品回收人员难以入户，消失了一段时间。居民也只好把垃圾一股脑地扔进垃圾箱。

2019年，被称为“史上最严”垃圾分类措施的《上海市生活垃圾管理条例》正式实施，以促进城市居民改变垃圾丢弃方式。同时，被称为“垃圾分类师”或者“垃圾分类网约工”的职业相应诞生。笔者看来，这其实是废品回收人员在网络时代的回归。

现在这门生意刚起步，预定的人很少，大部分投资人收不回成本。在可见的将来，当一栋楼里的大部分居民都需要有人帮忙进行垃圾分类时，这个行业就会稳定下来。届时，电梯旁边会等着两类人，一类是快递员，一类是垃圾处理人员。

由于垃圾处理空间越来越小，难度越来越大，垃圾分类法规肯定会推广到全国。未来，更多的人会成为“垃圾分类师”。

除了垃圾分类，垃圾的“总产量”也在提高，这就需要更多的垃圾处理工厂，特别是厨余垃圾。近年来，随着餐饮业规模不断扩大，产生的废弃食用油量也非常大。有不法商人用它提炼“地沟油”，虽然这种油不应该供人食用，但国外曾经有人把“地沟油”作为航空用油做实验，结果证明可以供飞机使用。

很久以来就有农民进城收购泔水喂猪，算是处理厨余垃圾的原始做法，但是极不卫生。最近，一位名叫李延荣的企业家专门收购厨余垃圾，将其喂养给蟑螂后再加工成蛋白粉，作为鸡饲料。

通过引进科学技术实现高效率转化，其他厨余垃圾经过高温高压和粉碎，也可以作为饲料使用。将来，合法加工厨余垃圾，会是一个新兴行业。

石墨烯是最近发现的一种高强度材料，目前还处于实验室阶段，难以量产。美国莱斯大学研究人员从废轮胎中提取炭黑，用激光脉冲进行轰击，生成了石墨烯。这可能是垃圾中产生的最尖端产品。

总之，从收集到加工，垃圾处理将成为未来一大热门行业。

05 仿古驯兽员

相信大家都知道《侏罗纪公园》的故事。基因学者在琥珀里找到了远古蚊子的遗体，并从中分离出恐龙DNA，复活了这些庞然大物。然而，现实中真有人在做类似的事，那就是俄罗斯的更新世公园。

更新世是一个地质年代名称，人类就产生于这个时期。更新世末期，不少个头很大的哺乳动物灭绝，有猛犸象、剑齿虎等。它们中最后的存活者，可能在几千年前才死去。而且，它们中很多尸体被埋藏在北极冻土里得以保存。俄罗斯人经常从西伯利亚挖出猛犸象干尸，他们中甚至有人吃过猛犸象的肉。

这样良好的保存结果，远比恐龙更容易复原。而且，它们与我们生活在同时代，一旦复活也完全能适应今天的环境。所以，很早就有基因学者提出希望复活这些动物。

20多年前，俄罗斯人季莫夫在北极冻土带买下56平方英里（1英里≈1.6千米）土地，改建为更新世公园。他的初衷是往里面投放大型食草动物，用它们的粪便给草原施肥，进而阻止冻土带中碳的释放。季莫夫坚持认为，更新世末期由于当地人大量捕杀猛犸象，最终导致自然循环失衡。

后来，季莫夫见到了哈佛大学的遗传学家乔治·丘奇，后者建议克隆猛犸象，认为以猛犸象的个头和食量，会比野牛等动物更容易改变草原现状。也许将来，那些被人们灭绝的动物都能在更新世公园里游荡。

这一前景在技术层面上完全可以实现。除了剑齿虎，在更新世灭绝的其他动物对人类基本无威胁。所以，打造更新世公园比侏罗纪公园要安全得多。

日本近畿大学教授入谷明设计出整个克隆过程。科研人员计划把猛犸象的体细胞核植入大象的卵子，非洲象作为代孕母亲，最终使猛犸象复活。

与此同时，澳大利亚有个研究小组准备克隆已经灭绝的塔斯马尼亚虎。美国一个研究小组开始复活一种灭绝的野生白山羊。至于渡渡鸟、斑驴、红狼这些灭绝不到数百年的动物，科研工作者更有条件使用克隆技术让它们回到现在的世界。

当然，这些计划还都停留在设想中。最近，美国圣迭戈的科研团队克隆出普式野马。1969年，普式野马在野外环境中已经灭绝，剩下的生活在我国敦煌西湖国家级自然保护区，是人工繁育的品种。美国的科研团队用40年前找到的冷冻遗传物质克隆出了活体。

当然，这些动物可能终生生活在人工饲养环境中。但这也没什么，比如“活化石”大熊猫就是如此，全国人工饲养的熊猫已经占总量的五分之一；世界上存活的老虎更是大部分都生活在虎园。

所以，未来需要一批有生物专业背景的毕业生，去饲养克隆古生物。因为，这比饲养普通家畜更需要科学知识。

第八章　与社会管理有关的职业

一个高度信息化，又保持高度流动的社会是什么样的？它将会有怎样的管理模式？又会增加哪些管理岗位？下面这章里，我们开始讨论这些问题。

01 社区网格员

如今的年轻人很少知道“小脚侦缉队”这个词。新中国成立初期，社区里的很多老年人凭借对社区情况的了解，排查可疑人员，化解基层矛盾。其中有不少老年妇女，她们中有裹过脚的，所以就有了“小脚侦缉队”的绰号。

“小脚侦缉队”在当时不是个褒义词。因为当年的社区工作人员年纪偏大，文化偏低，工作作风简单生硬，所以给人们留下的印象并不好。不过，聘用老年人管理社区的办法实施了几十年，直到最近才发生变化。

如果你看过《茶馆》这类作品会发现，以前的城市就是“大农村”，人员很少流动，几代人住在一起。相对来讲，老年人更熟悉情况。但是从20世纪90年代，各城市开始旧房改造，传统人际关系被打散。新建的楼房实施小区化管理，而且，随着计算机的普及，“小脚侦缉队”已经不符合时代发展的要求。

近几年，各地纷纷组织社区网格员深入基层，并要求同时处理上级交办的事务。由于历史原因，以及缺乏上升通道，很多社区网格员由下岗人员充任。

然而，新冠肺炎疫情期间，我国之所以能迅速控制疫情，基层网格员的贡献非常大。他们有的默默无闻地守关设卡，隔断传染链条；有的了解、转达民情，解决民情，最大限度地减少矛盾，促进和谐。鉴于此，2020年7月，社区网格员正式被人力资源和社会保障部确定为一个新职业。

展望未来，社区网格员会成为一个很有前途的行业。因为，未来我国还会有更剧烈的人员流动。不仅是旧城改造、农民进城，小城市人口也会加速流向大城市。这是产业升级的结果，同时也形成了巨大的流动人口，而这都需要基层社区进行管理。

除了管理功能，社区网格员的服务功能也会逐渐提高。比如，当一个人到了陌生城市后，除了工作，还有福利保障、卫生、治安，甚至社交等各方面的需求。越来越分散的亲属关系会让他产生孤独无助的心理，这时就需要社会基层组织提供服务。未来，这个责任会落到社区网格员身上。

未来的社区网格员就是社会学家，他们要与社区内的个人打交道，通过谈话了解需求，在就业、搬迁等问题上给予帮助。

社会发展对社区网格员的工作能力提出更高的要求。人力资源和社会保障部列出了社区网格员的主要工作任务，包括“巡查、发现网格内市政工程（公用）设施问题”“研究网格内市容环境问题的立案事宜”“收集、整理、分析相关信息、数据，提出网格内城市治理优化建议”等内容。显然，要把这些事做好，需要很高的文化水平和综合能力。

另外，最近一些招聘给社区网格员设置了年龄上限，比如不能超过45岁。所以，社区网格员不再是退休人员，而成为一个正规职业。

02 行为预测师

科幻片《少数派报告》讲了这样一个故事：警方安排了三个有特异功能的人，他们能预感某处会发生犯罪。警方接到情报后，就会去现场制止尚未发生的犯罪。

现实中真有人在预测犯罪。天津市未来与预测研究会会长阎耀军就专门研究公共安全预测。他与北京市公安局怀柔分局局长张明合作，研发了“犯罪预测时空定位信息管理系统”。2013年，该系统获得国家版权局颁发的软件著作权证书。

这个系统借鉴美国的“蓝色预警”软件，通过某地区以往的犯罪数据，预测今后犯罪发生的时间和空间。虽然它还不能预测具体的犯罪行为，但是能给公安工作提供有力帮助。

预测人类行为并非听起来那么玄妙。人类的思想可以天马行空，但行为却在环境限制中实施。根据一个人以往的行为，以及周围的条件，便能大体预测其行为。

过去，科学家难以预测行为，主要是并不掌握具体的行为资料。比如，上周六下午三点半你在哪里？在做什么？这个简单的问题其实很难回答，恐怕你自己都忘记了。

有几项新技术的发明大大提高了行为记录能力。

一是视频技术。只要一个人在城市公共场所活动，躲开所有摄像头基本不可能。

二是大数据技术。现在人们很多重要工作和消费行为都在网上进行，通过抓取网络足迹，就能找到一个人的行为规律。有些商业网站已经能预测出一个人在每年、每月中有哪些周期性消费，并在特定时间段推销产品。在美国，运用大数据技术可以分析一个人是民主党人，还是共和党人，其准确率为80%左右，比普通人凭感觉预测要准确得多。

三是生物识别技术。随着人脸识别、动脉血识别等技术的应用，我们会随时在各处留下行为痕迹，获取这些痕迹就可以大大提高个人行为资料的采集能力。比如，新冠肺炎疫情期间健康码的研发和应用。

美国东北大学学者巴拉巴斯带领团队从2008年开始研究如何预测人类行为。他们从1600万手机用户中筛选出15万人，进行长期追踪。结果发现，93%的人类行为可以预测！

将来，行为预测师会大量出现。他们来自目前的社会科学家队伍。所谓社会科学，就是通过个人行为来预测社会整体趋势。由于以前没那么多硬技术来收集个体行为，整个社会科学研究的基础都不牢固。

将来，社会科学家将使用上面这些技术，具体记录人们在工作、消费、交往和婚姻等方面的行为，并进行预测，进而为政府、商家和个人提供建议。

03 压力管理员

“人无压力轻飘飘，井无压力不喷油。”

如今，相信很多人对这句话已经很陌生了，它是电影《创业》当中的一句台词。《创业》讲的是中国石油工人开发大庆油田的故事。当年，还有“一不怕苦，二不怕死”“活着干，死了算”等类似的口号。

笔者就成长在这种氛围下，从小就怕被认为是顶不住压力的人。很多年后才发现，社会舆论不知不觉发生了变化。学校减负、职场减压，因为压力与心理疾病，甚至身体健康联系在一起，压力成为一个负面词汇。

其实，无论是过分强调精神力量，还是过分强调减压减负，都是不正确的。压力是人类行为的动力。只不过压力强度适当时，人会沉浸在行动里，感受不到压力的存在。一旦感受到压力，那就是压力强度过大。

压力与自主神经系统控制的身体活动相关，包括内脏、血管平滑肌、心肌和腺体的活动。自主神经系统有较多的独立性，特别是具有不受意志支配的自主活动，所以又叫不随意神经系统。人们讨厌压力，也正是因为它“不随意”。一个人不想紧张，可心跳加剧、肢体颤抖。长期压力过大，还会导致病变。

压力常被当成外来物，其实压力大小与身体适应能力密切相关。而且，可以通过生理检测手段找到与压力有关的基本体征。

未来，企业会雇用压力管理员，或者政府派出压力管理员到企业巡视。他们要在员工处于工作状态时抽查其压力水平，评估压力是否过大，进而对整个工作安排提出调节建议。

在繁华的都市中，提供给个人的发展机会相对较多。然而，人员密集的后果之一是压力积累。未来，都市里会出现压力管理行业。它可以是公益机构，也可能是商业公司。届时，压力管理不再是语言说教，而是依靠技术进行管理。

一个压力管理区会占用大量独立空间，其环境颜色适合减压，有低光照且空气良好。减压区配备生理检测设备，能迅速从生理角度测试压力。同时，配备有生物反馈设备，能帮助人们以自助方式完成减压。

这样的减压区需要专业的管理员——压力管理员。他们需要检测和调试设备，教用户如何使用，还要处理突发事件。相反，如果人们感到压力不足，生活乏味无聊，压力管理员也可以帮助他们提升压力。

04　行为矫正师

1972年，著名导演斯坦利·库布里克拍摄了电影《发条橙》，引起强烈反响。

主人公阿历克斯是街头帮派头目，殴打乞丐，入室抢劫，无恶不作。虽然被警察抓到，但因为不够法定年龄，无法判刑。于是有行为科学家提议，给他实施行为矫正术。他们把阿历克斯绑在特制椅子上，播放暴力电影，辅之以电击和催吐剂，让他形成条件反射。最后，阿历克斯戒除了一切暴力行为，甚至当他遇到袭击也不会反抗。

电影改编自英国作家安东尼·伯吉斯的同名小说。两者故事大体相同，但是结尾不同。在小说里，阿历克斯长大后，变成普通的成年人，并且追悔青少年时期做的错事。所以，原小说肯定了行为矫正的价值。

电影删除了这个结尾，而且片中通过人物造型等手段，把行为科学家描写成了反派，是一部批判行为矫正的电影。安东尼·伯吉斯还为此抗议电影曲解了小说本意，但是当时电影的影响远大于小说，这个故事的主题从此定型。

安东尼·伯吉斯于1962年写出原著时，行为科学正在流行，故事中的行为矫正术基本符合现实。通过原著，我们会看到社区矫正的价值。

在古代，人类没条件建造大量监狱。犯人主要被罚作奴婢，或者流放，很少集中关押，而是让社会力量约束他们的行为，这已经包含了社区矫正的意思。当然，这样做弊端极多，所以，当人类有条件建造监狱后，罪犯就被从原社区移到监狱里。

到了19世纪末，以安塞尔为代表的社会学家对长期监禁提出质疑。他们认为，狱警不是教师，犯人只是关在里面，并不能得到教育。而且监狱里各种罪犯混杂，轻罪犯人反而会沾染恶习，学习犯罪技巧。

考虑到这些问题，他们提出把犯人放回社区，以社区矫正代替监禁。然而，由于这种方式无法保证对罪犯的约束，所以提出一个世纪之久，都被视为空谈。直到电子监控技术发展成熟，通过给犯人佩戴电子元件，可以实时获取位置，社区矫正才成为现实。

如今在西方一些国家，判处社区矫正的案件已经超过判处监禁的案件。在我国法律里面，管制、缓刑、假释这些做法也都接近社区矫正。在不远的将来，社区矫正会大规模代替集中监禁。

然而，让罪犯在社区里活动，并不意味着放任不管，这样反而更需要专门人员改造他们的行为。通过惩罚和奖励改造行为，本来就是行为科学的主旨。罪犯人身自由受到约束，矫正专家正好可以通过这些手段将其改造。

只不过，今天的行为矫正已经不再用电击、手环这些手段，而是将人类行为分门别类，通过放松和收紧进行奖惩。

未来，会有很多行为矫正师深入社区，教育罪犯。他们不是警察，但会在警察配合下行动。《肖申克的救赎》和《越狱》这种影视剧中的场景，也将成为历史。

05　老年服务社社员

2000年春晚，赵本山和宋丹丹表演了小品《钟点工》。小品里面的钟点工不收拾屋子，不做饭，专门陪孤独老人聊天。小品表达的内容凸显了时代变迁引发的养老问题。不过在未来，小品中的陪聊人员会由专职人员取代，那就是老年服务社社员。

传统社会讲究“父母在，不远游”，就是考虑了家庭养老问题。经济社会发展初期，青壮年为了追求更高的收入纷纷离家。由于社会保障制度短时间内未能全面普及，其中有相当一部分人带着父母离乡背井，一边工作，一边照顾老人。像《钟点工》那样，带着老人进城居住还算近的。更有人漂洋过海，带着父母移民国外。

这种情况下，子女由于工作关系尚能融入新社区。而父母脱离了生活几十年的老社区，很难融入新环境，他们普遍生活在孤独当中。

社会再往前发展，城市里出现了很多经济独立的退休老人，他们不需要子女的经济支撑。随着医疗水平的提升和生活观念的改变，他们的身体健康状况相对较好。至少到他们80岁左右，都不需要日常护理，也不需要进养老院。

对这代老年人来说，社交反而是最大的需求。他们的子女忙于工作，而老年人需要社交充实生活。而且老年人往往和子女缺乏共同语言，更愿意和同代人交朋友。

于是，网络上经常出现“抱团养老”的新闻。志趣相投的几位老人聚在一起旅游，唱歌、跳舞，甚至租房住在一起，这样他们平时可以互相照顾。

这种自发的群组行为，给专业老年服务社提供了存在基础。这种服务社专门服务“抱团养老”的老年人，既丰富了老年人的业余生活，又过着比养老院更自由的晚年生活。

老年服务社与以老年人为顾客群体的旅游公司不同。后者以项目为主，今天接待这批老年人，明天接待另一批老年人。老年服务社以个人为主，一个机构专门服务于特定地区的老年人群体。这周可能组织老年人旅游，下周可能组织老年人唱歌、聚会。

老年人跟团旅行，要按照旅游公司安排的日程活动。老年服务社则以老年人自己的要求为主，并提供有针对性的服务。与老年人自己搞集体活动相比，老年服务社社员是年轻人，他们熟悉新技术，比如网络技术、驾驶技术，可以解决老年人遇到的技术问题。而且他们体力好，如果遇到危险情况，是老年人的可靠支援。

所以，老年人群体不敢碰的项目，比如漂流探险等，老年服务社可以代为组织。老年人因为年龄原因不能驾驶车辆，会有年轻人充任司机，这样他们也可以搞自驾游。

另外，老年服务社社员都是年轻人，可以给老年人带来活力。社员还要掌握老年心理学，熟悉老年人的生活方式、兴趣爱好；了解老年人唱的歌、看的电影、经历的过往，做老年人的朋友。服务社社员常年与老年人打交道，会比亲生子女更了解他们的生活习惯。

随着我国进入老龄化国家，“老人之友”将成为热门行业。

06 临终关怀师

告诉大家一个好消息，未来人类的平均寿命还会大幅增加。同时，再告诉大家一个坏消息，因为寿命增加，在病痛中等待死亡的失能老人会越来越多。这样，一个新职业会成为社会的重要需求，那就是临终关怀师。

传统社会中，很多人在青壮年时期便死于自然灾害或者战乱，其实他们体能尚好，只是遭遇了突发性事件。由于没有现代医学，有的人被剪刀割破手指，都会面临死亡危险。

现代医学系统建立起来之后，人类的健康水平有了很大的提升。然而，本着治病救人的宗旨，医生会竭尽全力地挽救一切病人的性命，其中包括高龄老人。这样引发的一种结果是越来越多的老人在生命结束前要接受高强度治疗。

1967年，英国人桑德斯创办了世界上第一家“临终关怀”医院，这家医院名叫圣克里斯多弗临床关怀院。临终关怀理论认为，让老人们全身插满管子，毫无尊严地死去，并不符合人道主义。相反，如果确实治疗无望，医生们应该提供“姑息疗法”，以减少病人的痛苦为主，让病人享受人生最后的时间。

最近一位香港艺人因肝癌离世，有报道称他在去世前的一段时间里，每隔4小时就要打一针止痛药。这也让人们再次关注“临终关怀”这份人道主义事业。

什么样的病人有希望治愈？什么样的病人没有希望治愈？这是医学

专业问题。所以，是否进入临终关怀，必须由医生决定。一般情况下，医生判断病人只有不足半年存活期时，才会给出临终关怀的建议，而且是否采纳由病人和家属自行选择。

这里有一个误区，就是临终关怀并非是让病人回家等待死亡，而是入住专门的临终关怀机构。在这里同样提供医疗服务，但是以让病人生活愉快为宗旨，所以不提供已经失去意义的手术和器械治疗。

日本是著名的老龄化国家，在亚洲最早办起“临终关怀”疗养院，并且设置“临终关怀师”这种职业。

1987年，北京松堂医院成立了大陆第一家临终关怀机构。截至2020年，全国有200多家专业临终关怀医院，有2000多家医院设置临终关怀病房，还有8000多家老年医院提供临终关怀服务。

作为世界第一人口大国，我国每年约有700万人离世。但是，现在提供的临终关怀服务只能帮助极少数人。同时，我们知道有很多医学院的毕业生找不到工作，所以，这种供需矛盾之间的瓶颈，便是缺少专门的临终关怀机构。

治病救人是文明的一大进步，临终关怀同样是文明的进步。相信随着时间的推移，临终关怀机构将在我国普及，临终护理师也会像护士那样成为寻常的职业。

07　问题公益人

“救急不救穷”，曾经是小农社会的公益原则。古代社会的救济主要以急难为主，比如某地出现灾荒，寺庙会开粥棚，政府会借种子，以帮助灾民撑过荒年，但不会年年如此。

向现代化社会转型的初期，传统社会结构解体，为避免大规模的人道主义危机，各国都在建立以身份为标准的公益体系。即划定弱势群体，并给予他们全方位的、永久性的优惠。慈善事业也向身份倾斜，比如民族身份等。然而，随着社会逐步走向富裕，人人都有饭吃，有衣穿，基本生存需要都可以满足。以身份为救济标准的公益事业显示出了局限性。因为它不考察个人具体情况，会吸引一些人改变身份来满足公益要求。比如，有些移民把父母接到国外，再申请当地的长期救济，造成恶劣影响。

另外，在现代社会，失业被列入公益救济目标。但是进入21世纪，很多人选择主动失业，或者因为长期打零工而被计入失业。他们并不想有稳定职业，甚至不想工作。所以，以这群人为救济目标显然不合理。

20世纪初，在发达国家，以解决实际问题为目标的救济原则流行起来，也就是恢复了“救急不救穷”的原则。比如“居丧团体”，就是大家组织起来，帮助刚刚有亲人去世的人，让他们渡过难关。又比如戒酒小组，就是由已经戒酒的人来帮助努力想戒酒的人。

我国开始进入网络时代后，也出现了以问题为导向的公益组织。比如“肝胆相照”，就是乙肝患者自发形成的组织，帮助病友解决社会对乙肝病人的歧视。寻找失踪儿童的民间组织也有不少，并且具有很大的社会影响。

形成这些组织，其背后的原因就是社会生产力高度发展，人人都能解决基本需求。很多问题并不针对特定身份，比如某种特殊疾病，或者孩子被拐卖，中产阶级和富人也会遇到。但是，慈善机构以身份为标准，不会救济他们。即使想救助，也没有专业知识。

最初，这些以问题为核心的公益组织里面都是志愿者，大家都有“一本难念的经”，于是抱团取暖。但是公益组织要发挥作用，必须有专业人员，而且面对同样一个问题，比如“失孤”，需要熟悉情况的人把经验、教训传递给他人。所以，这些公益团体中的一部分人将转为专职人员。而问题导向的公益组织也会取代身份导向的公益组织，成为社会慈善事业的主流。

08 高危职业——秘书

曾经有人问我，能写那么多本书，是不是雇了秘书？我回答说，我雇了两个秘书，一个帮我收集写作资料，一个帮我抄录写作文本。

我当然没钱雇秘书，而且现在电脑就能干以前两个秘书的活儿。当年我选择从事职业写作，一个重要前提就是学会了五笔打字法。我当时每小时可以打出2000字左右，我觉得这个速度可以养活自己。

如果说信息技术帮助了职业作家，那么受其危害的就是文字秘书。所谓文字秘书，就是专门拟文稿的秘书。我国古代就有“师爷”这个职务，他们专门给官员草拟文案。还有，科举考试中有个重要标准，就是不光文章内容要好，考生的书法也要过关。因为一旦录用，很多人要从事文书工作。

进入现代社会初期，秘书仍然是政府体系里面的一个重要职务。我曾经认识一位当秘书的朋友，闲聊时有人请他帮忙代拟一个总结报告，这位朋友十分钟就能写完。他告诉我，各种文案在他心里都有模板，随时能调出来使用，那时候电脑还没有普及。如今我们打开文字处理软件，就会找到“报告助手”之类的程序，辅助我们完成写作。更有语音转化软件，它可以直接把讲出来的话变成文字。可以用语音录一篇发言稿，再自己修改，省时省力。当然，秘书除了写作，还要处理上级领导交办的其他事务，高级秘书从事接待、协调、综合承办等工作，相当多的小秘书负责抄抄写写。

从20世纪80年代开始，办公自动化替换下其中的很多人。展望未来，秘书中“书”的功能会越来越小，“助理”的意义在提升，因为助理的很多劳动内容具有创造性。这样一来，秘书的总量就会下降。

09 高危职业——律师

我认识一个人，他经常出入司法部门。他曾对我说，什么叫打官司？打官司就是抠字眼！

这个定义当然不准确，却道出了法律工作的某个重要方面——与文字打交道，律师工作尤其如此。他们无权取证和侦察，只能在案情变成文字后介入。所以，律师把更多的工夫花在研究法律概念上。另外，虽然在影视剧中，律师们总出现在法庭上。但在现实生活里，律师主要以法律顾问的身份受聘于单位或者个人，帮客户审看合同，或者递送律师信。至于他们的工作背景，也就是法律本身，是一套庞大的文字体系。所以，如果说律师的工作就是抠字眼，应该也不算错。然而，人工智能不是也擅长语言符号吗？尤其是那些打印出来能有书本那么厚的合同，由程序来审查电子版不是更快吗？

2018年，以色列人便研发出一款“法律AI平台”（AI，人工智能的简称），并与人类律师进行比赛，比赛内容就是审查协议。当时有20位真人律师参加了比赛，结果AI律师用时26秒，人类律师平均用时92分钟。当然，有人会说速度不是唯一指标。但是在审查结果上，AI律师的准确度高达95%，人类只有85%。

律师往往按时间收费。企业雇用他们，很多都是为了处理那些有密密麻麻文字的合同。于是，不少律师拿到合同文本后会审看很长时间，以增加收费额。所以，即使AI律师的准确率不高于人类律师，时间上的明显优势也会吸引企业。

如果说以色列人研发的律师程序还只是实验性质，我国深圳一家公司推出的“找大状”网站，就把AI法律审查变成了实际应用。这个网站的服务对象以企业为主，可以审查知识产权合同、劳务合同、股权合同等，其错误率已经远低于人类律师。

上面所述都是审看已经拟定的合同，而香港科技大学的研发团队开发的“机器人律师”系统，可以代客户拟定法律文件。无论是离婚合同，还是继承遗产合同，用户用日常语言向“机器人律师”讲出自己的诉求后，“机器人律师”就可以转化出一份法律文件。

法治社会里，人人都需要法律服务。现在，这些AI律师擅长的领域还不多，像刑事案件暂时还不会让它们参与，而且速度和准确率还有待提高。然而，AI的长处并非是有多聪明，而是它们超强的学习能力。积累成千上万个案例后，AI律师肯定会快过人类律师，至少可以快过那些只会从事文案工作的律师。

目前，我国从事律师这一职业的人口数量有近40万人。未来，恐怕有相当一部分律师会被AI律师取代。

第九章　与科研有关的职业

你长大后做什么?

当科学家!

在我小的时候，每次有人做职业声望调查，“科学家”总能排第一。为了当科学家，就要学习理工科专业。不过以后学了这些专业，你可能不是直接去搞科研，但仍然属于科学事业的一部分。

这又是些什么职业呢?

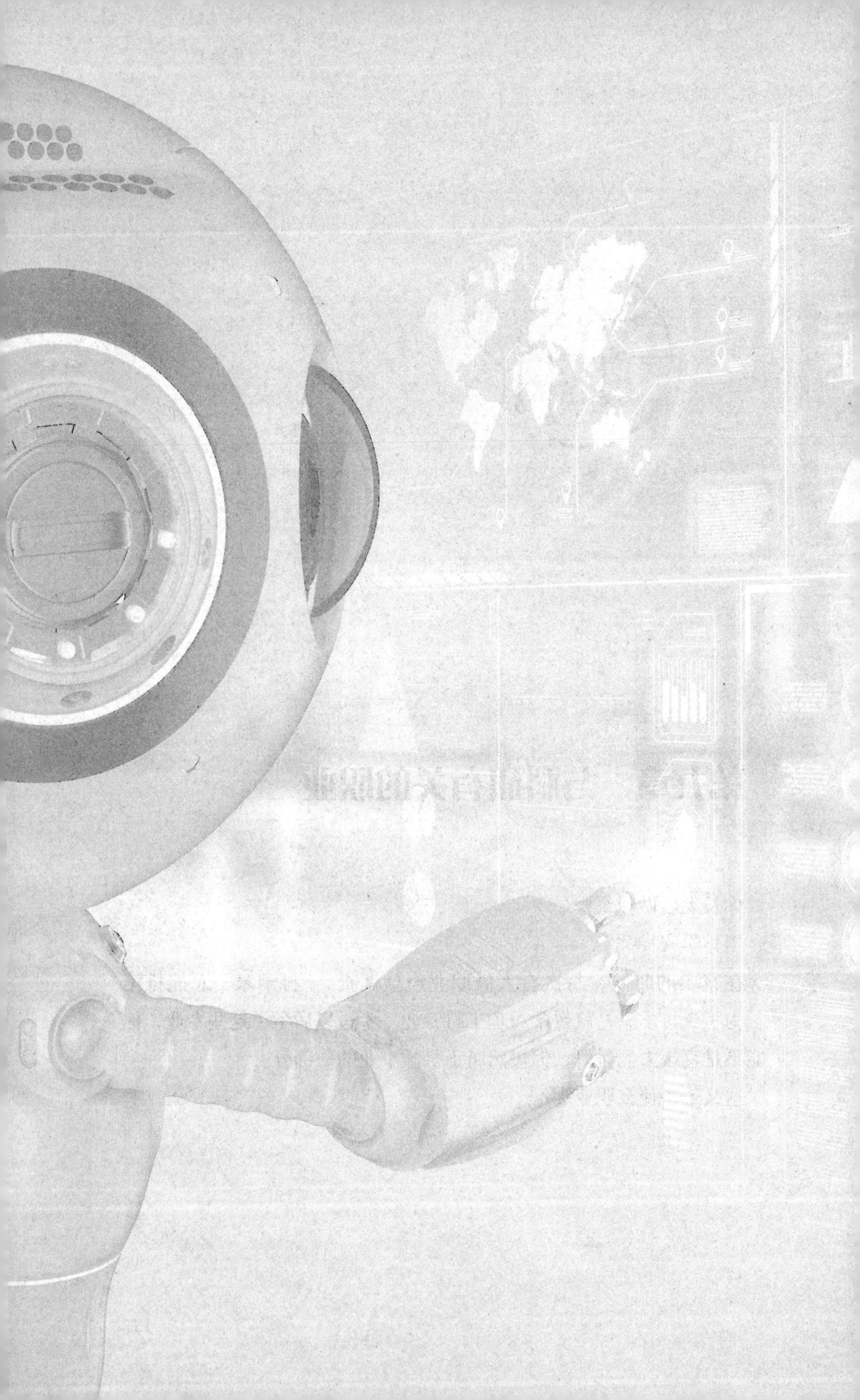

01 科研竞技组织人

提到英国发明家乔治·史蒂芬森，大家都会想到他是蒸汽机车的发明人，其实并非如此。在他之前，西尔维斯特已经发明出蒸汽机车样品，但并不实用。1829年10月，英国举行蒸汽机车大赛，史蒂芬森制造的“火箭号”遥遥领先，从此让火车进入实用阶段。

如果乔治·史蒂芬森生活在今天，恐怕难以出头，因为他到18岁才会写自己的名字，后来也只读过扫盲班。然而，公众更关注科研成果本身的价值。

20世纪80年代中期，几个国家展开一场超导科研竞赛。超导技术有很多指标，最重要的就是临界温度，这个值越高，材料越有实用价值。1986年，我国的赵忠贤团队在镧钡铜氧这种化合物中首先发现了临界温度为48.6K的超导现象，同时，还发现了70K的超导迹象。几个月后，即1987年2月，他们在实验中获得了超导转变温度为93K的液氮温区超导体，并在国际上第一次准确公布了材料的组成成分。

如今，世界上几个核聚变装置都在运转，奔向商业运营目标。我国的“东方超环”装置世界领先，也是因为它创造过等离子体持续放电101.2秒的记录。

上面的例子给了我们启发，在很多科研领域可以提取一两个主要指标，并作为评价标准，应用科学和工程技术领域更是如此。

其实，给科研设置目标，搞竞赛、发奖金，历史上早有先例。飞机发明后不久，便有人设置奥尔特加奖，将2.5万美元奖金发给第一个从纽约飞到巴黎的人，美国人林德伯格拿到这个奖。

1998年，美国圣路易斯市商人迪亚曼蒂斯有感于此，为航天设置“X奖金”，奖金高达1000万美元，条件是飞过离地面100千米高的“卡门线”，安全返回，并在两周内重复一次，其目标是鼓励开发发射技术。美国国防部高级研究计划局搞的自动驾驶比赛，以里程为标准，也是同样的性质。

还有出于非科学目标的科学发明奖。动物伦理联合会出资100万美元，奖励首个把人造鸡肉投入市场的公司。他们设置了系列标准，包括味道、口感与常规鸡肉无差别，在美国10个以上的州进行商业化销售，价格与常规鸡肉相当。

目前，科技界还只有这些单项奖，且覆盖面不广。未来有可能开办跨领域的“科学奥运会”，在航天、航海、材料、能源等各个领域设置科研目标和奖金，各国科研团队自由报名参赛，以客观效果见分晓。

展示不同领域的科研成果，需要不同的场地和器材。所以，“科学奥运会”不会集中在一处举行，有可能搞全球的云竞赛，并且把单项竞赛分开，这个月比赛纳米技术，下个月比赛无人驾驶汽车，以此类推。

如此一来，“科学奥运会”需要大量的组织人员。要求他们既懂科技，又擅长组织赛事与展会，还懂得科学传播，及时把成果宣传给公众，激发大家对科学的兴趣。

02　AI专家制造员

普通人见到的机器人，通常不是在酒店门口迎宾，就是在商场里发传单，或者在综艺节目中跳舞。这些机器人并不属于高科技，最好的机器人都在做人类做不到，或者做起来有危险的事。数据采集便是机器人的一个重要用武之地。

不管有怎样高明的理论，科研中最重要的还是收集第一手数据。达尔文创立进化论，是因为他跟着贝尔格号做了好几年全球考察；哥白尼本人没做多少天文观测，但在他之前1000多年间，无数天文学家用眼睛积累了观测数据；伽利略更是实验专家，还自己制造了天文望远镜。

直到半世纪前，数据采集这个科研中最基础的工作还是手工劳动。地质学家要出去敲石头，动物学家成年累月地守在野外观察目标，天文学家夜夜不眠地盯着太空。但是，随着自动化技术不断引入科研第一线，机器人成为收集数据的好助手。

以前，研究矿产资源需要地质专家亲自采集样本，不少人在这个过程中发生意外，有的甚至失去宝贵生命。20世纪50年代，我国培养了10万人左右的勘探队伍，以满足国土资源调查的需要。现在，采样机器人能取代他们的很多工作。这种机器人有履带，有机械臂，可以自主设计路线，自动避障，同时采集多个样本。像在火山口采集熔岩这种危险工作，现在都由采样机器人来做。

化工行业的采样机器人要去检测危险的化学制造设备，比如对反应罐内部进行检测。还有一种机器人专门爬通风管，检测里面的细菌留存。

深海生物习性一向难以研究，因为深海生物被捞出海面后通常会很快死亡。美国自然历史博物馆的研究人员发明了一款软体机器人，专门研究水母。它可以把游动中的水母缠住，实施各种刺激，借此考察活水母的反应。

还有，天文学家也不用像几百年前他们的前辈那样用肉眼一直观测，程序会自动比对天文照片，发现有变化时就会发出提示。

科研机器人早就出现在新闻中。“玉兔号”上面的月球车就是代表，它降落到月球表面后经常自主运行。

和家用扫地机器人相比，科研机器人不能大批量制造。正像月球车那样，它们是为单一目标而设计，有可能只制造一台，而且每次都要重新设计。科研机器人集成了种类多但数量少的非标准件。另外，科研任务本身有时限，为科研任务制造机器人，工期要求严格，而且受限于科研经费，通常不能很昂贵。

目标单一、设计特别、时效性强、价格便宜，珠江三角洲正在挤占欧洲科研机器人的制造份额。

展望将来，我国很可能成为全球科研机器人制造中心，而数据采集又是永远不会消失的工作。希望这里能成为你在未来的舞台。

03 科研后勤专家

伽利略自己造望远镜，列文虎克用自己制作的显微镜观察微观世界。如果你已经熟悉这些例子，请不要把他们的工作与今天的科学工作混淆。现在已经没多少人为了搞科研，还要自己造仪器。小件靠买，大件靠租，科学研究基本都靠市场上提供的科研条件。

仪器进步对科研的作用非常大，所以，诺贝尔奖经常授予科研仪器的发明者。X光机、CT探测仪、心电图机、隧道扫描望远镜等的发明者，都曾经拿过诺贝尔奖。这些仪器研发出来后，就进入工业化量产阶段，后人再有需要会直接购买。

除了实验室，大量工程技术领域也需要仪器，于是形成了庞大的仪器仪表产业。如今，我国仪器仪表产业的产值已经超过万亿元，并且还以每年百分之十几的速度增加。

仪器仪表可以买，一些特殊的科研设备无法购买，只能租用。比如卫星，每次发射都会搭载各种实验，它们来自不同的科研部门。这些实验需要利用太空环境，比如太空育种，但是科研部门本身没条件发射卫星，捆绑在一起搭载升空最为有利。至于著名的国际空间站，更是各国混合使用的超大型共享科研工具。

能进入深海的深潜器比卫星还少，好在它能够反复使用。所以，每架深潜器都会被不同科研机构，甚至不同国家的海洋学者租用。著名的“阿尔文号”深潜器建造于20世纪60年代，它不仅因发现深海热液而在科学史上留名，还帮助美军寻找丢在深海的核弹，拍摄过“泰坦尼克号”的残骸。总之，它被各种机构租去干“杂七杂八”的事情。

以前，中国人只能租用国外高精尖的科研设备，比如这个“阿尔文号”。现在，我国也建成了自己的重大科研设施，并且向各国出租。比如著名的“中国天眼”因有高分辨率优势，除了服务于我国的天文学家，也向国外租时段。而未来的中国空间站“天宫号”，已经正式发布国际合作的邀请。

给科研做后勤，除了直接提供物质保障外，还有一个比较隐蔽的服务领域，就是为科研提供金融服务。某个领域科研成果越多，今后再取得新成果的费用就会越大。现在，很多科研需要金融的介入。比如卫星发射保险，就是最初的科研金融服务。卫星发射以风险高著称，所以早早纳入保险公司的视野。

更直接的科研金融，是为重大科研项目做风险投资。早在19世纪，发明家爱迪生背后就站着金融专家摩根。在今天的美国，保罗·艾伦、贝索斯这些大佬投资航天科研，也是典型的科研金融。

今后，为某个科研项目做众筹，会越来越普遍。国外有个“Experiment”网站，就专门做科研项目的众筹。它由两名华盛顿大学毕业的华人建立，目前累计发起了数百次众筹，其中有三分之一获得成功。

和筚路蓝缕的科学前辈不同，未来的科研要“武装到牙齿”，在物质和金融上都能得到保障。而提供这些服务的人，就是科研后勤专家。所以，如果你未来拿到理工科文凭，不一定非要到一线搞科研。为一线科学家服务，也是个不错的职位。

04　高危职业——科技期刊编辑

进入大学前，你可能对科学事业抱有远大理想。进入大学后，有老师会告诉你，除了有远大理想，学习和职业生涯中还有一个重要环节，那就是发表学术论文。

回想一下小学和中学阶段的自己。教室的墙上贴着很多人物的画像，如果是文学家，我们看到他，就会联想到他的作品；如果是科学家，就会联想到他的成果。但是，很少有人知道这些文学家或者科学家一生都写了什么书。

当然，哥白尼、牛顿或者达尔文都写过“大部头”。但是，天文专业的学生不需要读《天体运行论》，物理专业的学生也不必看《自然哲学的数学原理》。市面上流行的《爱因斯坦文集》主要收录了他的自传和信件，而不是学术论文。科学家不同于文学家，不需要靠文字传世，有成果就是“牛人”。

SCI（科学引文索引）、EI（工程索引）、ISTP（科技会议录索引）是世界著名的三大科技文献检索系统，是国际公认的进行科学统计与科学评价的主要检索工具。1957年，美国科学信息研究所的加菲尔德创办了SCI数据库，开创科技文献检索系统之先河。

几十年来，SCI成为科学界重要的评价标准之一。当然，真正有重大价值的科研成果，肯定很多人围绕着它写论文。但是，大部分科研成果没有划时代意义，或者其价值可能在很久以后才被发现，所以，相关论文很容易被埋没。想要将所写论文发表在够级别的学术刊物上，除了必须符合期刊定位外，还得有创新价值。所以，很长一段时间内，发表学术论文成为很多科研工作者职业发展的“瓶颈”。

如今，我们国家已经认识到这个问题的严重性。2020年2月，教育部、科技部印发了《关于规范高等学校SCI论文相关指标使用树立正确评价导向的若干意见》，该文件提到要破除论文“SCI至上”，也要以此为突破口，拿出针对性强、操作性强的实招硬招，破除“唯论文”，树立正确的评价导向。

这并非要学者不写论文。相反，将来的学术阵地会慢慢向网络靠拢，借鉴网络文学传播形式，任何人都可以自由发表科研论文。如果论文内容确有价值，这样会更容易被同行发现。

将来，也不再需要那么多学术期刊编辑，只需要有人维护学术网站和校对文字。

第十章　与文化艺术有关的职业

1995年，我国开始实施双休日。如今不光有两个休息日，很多企业周五下午就放假了。过去每逢春节，很多企业会干到除夕上午。现在离大年初一还有几天，城里的外来务工者都要“打道回府”。

随着生产率的提高，节假日不断增加，有的发达国家已经提出每周四个工作日的想法。然而，用什么填满空闲时间成了新问题。未来，文娱消费不仅体量剧增，花样也比今天多得多。

01 探险导游

看景点，逛古镇，品小吃……当普通人还沉浸在这种旅游当中时，企业家王石攀登了一次珠穆朗玛峰，这使得大家开始关注探险旅游这种新行业。

探险旅游当然还是旅游，不是真正的探险，只不过所去之处多人迹罕至，既有神秘感吸引着大家，又有一定的危险性。20世纪末，珠穆朗玛峰就成为探险旅游地，虽然不时有遇难的消息传来，但是不足以阻止慕名的爱好者。如今，攀登一次珠穆朗玛峰的价格在25万到30万元之间。如果带的装备多，价格还会上升。

南北极也是探险旅游的重要目标。南极旅游的目的地主要是乔治王岛，那里有九个国家的科考站，基础设备好，会腾出一些房间给旅游者。前几年有媒体曝出俄罗斯科考船被困南极冰区的消息，其实当时被困的就是一艘搭载游客的科考船。

北极旅游的目的地主要是斯瓦尔巴群岛。当地主权属于挪威，但是依照国际条约向签约国开放，中国人可以不用护照就能登岛，并在那里建有黄河科考站。由于成本高，南北极旅游价格不菲，都在8万到10万元之间。

重庆属于喀斯特地貌区，当地因地制宜地推出溶洞探险旅游项目。探险爱好者沿保护绳坠下深洞，满足好奇心。此地不光吸引中国人，不少外国洞穴爱好者也前来尝试。

这些年，临近空间成为探险旅游的又一个目标。最高的是亚轨道旅行，游客们乘坐火箭飞机，垂直升到一百千米高空，领略宇宙空间的风光，但是无法做轨道飞行，几分钟后便开始降落。简易版超高空旅游使用氦气球，可以将人吊到三四十千米的高空。在那里，地平线已经呈弧形，天空也因空气稀薄而变黑。

另外一些探险旅游追求神秘性，目标是探寻一些未解之谜。南美帕卡斯地画就是一个探险旅游目的地。俄罗斯通古斯大爆炸中心是无人区，没有道路，俄罗斯一些公司用直升机把探险迷运到现场，参观那片被炸毁的原始森林。

有一部分既有高知识，又有高收入的人追求挑战自我，或者满足好奇心，而不只是普通地游玩。随着这个人群日益壮大，探险旅游在整个旅游中将占更大份额，这就需要一批专业探险导游。比起坐在旅游车里讲故事的普通导游，他们更辛苦，而且冒着很大风险工作。

珠穆朗玛峰附近的夏尔巴人就是第一批探险导游。首位登上珠穆朗玛峰的人便是夏尔巴向导丹增，随后才是他服务的登山家埃德蒙·希拉里。至于南北极旅游，因为都使用科考船，也多由科考队员充任导游。

中国科学探险协会组织过多次以南北极、亚马孙森林、东非大裂谷为目标的探险旅游，充任导游的主要是地理学家。未来，拥有相关学历的年轻人，会纷纷来当探险导游。

02 VR导游

前几年，对虚拟现实技术（VR）的投资形成一波高潮。街头到处都有VR体验馆，投资界也不断炒作VR的前景。

当时，CCTV要制作一套介绍前沿科技的片子，其中包括VR技术。我作为解说词撰稿人，也跟着制作团队走访国内几家VR技术公司，看过后却感觉它的商业前景并不明朗。投资界热衷于将VR包装成新式电影技术，也炒作过VR电影项目。但现在还没有一部VR界的《阿凡达》，甚至连一部完整的长片都没拍出来。影视界已经有人分析说，VR以体验和互动为特点，天生和电影蒙太奇手法相矛盾。

其实，这不是VR第一次成为投资热点。20世纪90年代中期，一些发达国家就有过一次VR投资热。当时是把它作为新型电子游戏技术，强调它的沉浸感。还出现过一些反映VR技术前景的科幻片，以《黑客帝国》为顶峰。

当时，这些VR素材电影的票房大卖。可20多年后，人们还是用手机或者电脑打游戏。VR无论作为新式游戏技术，还是新式电影技术，都没在商业上成功过，根本问题在于这两种行业的虚拟性。游戏和电影追求自创IP，以假乱真，这恰恰不是VR的长处。

VR产生于1929年出现的飞行模拟器，一开始就追求对现实进行完整复现。直到20世纪90年代初，VR一直是科研设备，或者教学设备，功能是为人们展示难以在现实中获得的体验，比如观察月球表面；或者成本很高的体验，比如练习驾驶宇宙飞船。

自诞生后，VR技术的目标就是逼真。从屏幕展示到头盔全景展示，从只有视觉、听觉，到发明触觉手套，重点是全方位地把环境信息传递给用户。所以，VR如果想民用化，最大前景是虚拟旅游行业。

虽然人们追求实打实的旅游，但它也会有很多限制。比如，老年人和残疾人很难进行高山攀爬之类的探险旅游。还有一些地方会限流，比如故宫，每天只能接待15000人左右，远远满足不了需求。另外，一些危险场所，比如火山口或者未探明的溶洞，禁止普通游客进入，但是有兴趣探险的人也不少。

VR是弥补这些旅游需求的最佳选择。肉身难去，可以选择高品质的网络VR传感。当然，这需要利用全景摄影机完成。所谓全景摄影机，就是把很多镜头集成球形，制造360度全域影像，其中的高端产品还可以进行3D全影拍摄。

这种摄影机最初很笨重，现在已经能压缩到网球大小，可以由无人机或者自动步架车送到危险的地方，比如悬崖、溶洞、火山口之类，同时为千百名用户提供在线全景体验。它充分发挥了体验性和互动性这两种VR技术的特长。

这样，未来需要一批VR导游。他们的任务是操控全景摄影机对某些场景进行拍摄，并提供解说旁白，相当于有技术含量的旅游主播。某些冷门旅游项目，或者新开张的旅游景点，还可以用这种技术拉升人气。这种不背包、不举旗的导游，会成为一种新型职业。

03 机电艺术家

如今在大型庆典、晚会或者商业活动中，少不了“空域造景”表演。成百上千架无人机编成队，在夜空中组成各种文字或图景，形成如梦似幻的宏大景观。这种新式表演属于广义上的机电艺术，也就是用机械电子装置呈现视觉效果的艺术。

最早的机电艺术来自装置艺术，时间在20世纪60年代。当时，艺术家拿来人们日常生活中的物品，通常是工业制品，把它们重新摆放，形成某种意义，或者渲染某种气氛。装置艺术一般在室内布置，观众要置身其中进行感受。

后来，装置艺术家不满足于静态展示这些物品，就给它们加上简单的电子机械装备，让它们动起来。再后来，装置艺术家干脆不用日常物品，全部展品都由自己设计和制造。3D、水幕等新技术出现后，也迅速被装置艺术家拿来运用。

现在的装置艺术已经发展出不亚于科技展会的复杂设备，只不过它的宗旨不是介绍科技知识，而是某种艺术主题。装置艺术家除了有艺术素养，还要像工程师一样做电子和机械的设计，以保证展品能按照他们要求的方式活动起来。观众进入这样的装置艺术展厅，就像进入幻境一般。

装置艺术属于高精尖的艺术创造，需要一定艺术修养才能欣赏。LED灯光秀则完全平民化，它就是给市民看的活动景观。LED灯光秀的历史不超过十年，因为只有在这十年间，高层建筑外墙才普遍铺设

LED。一般时间里，这些LED外墙由广告公司租用，播放商品广告。遇到节日或者庆典，LED外墙会播放专门制作的景观。

特别是商业区里相邻的高层建筑，平时LED外墙上的内容自成一体，节日庆典时会合并使用，在几百米甚至1000米范围内形成巨大的统一效果。而给LED灯光秀做设计，也成为一项专业技术。

无人机空域造景诞生得更晚，因为必须等待无人机编队技术成熟后才能形成。通过电脑让很多架无人机编队飞行，这种技术最近才出现，但是其发展突飞猛进，现在已经能形成5000架无人机的超大编队。夜色下的空域造景已经出现在越来越多的城市里。

所有这些机电艺术都有共同点。它们不能收藏，只能短期展示。设计和制作费用都不菲，一场装置艺术展要花上百万元，一次上千架无人机的空域造景也要花上百万元。

最重要的是，能搞机电艺术的人必须既懂艺术，也懂科技，是横跨文理的全才。你愿意投身这个行业吗？

04 电子竞技运营师

在今天，“打电玩”已经不算新职业。国际上有电子竞技比赛，中国也组队参加并获得过好名次。一些高校开设了电子竞技专业，山东、浙江等地还在打造“电竞小镇”，吸引职业玩家入驻。

不过，这里提到的“电子竞技运营师”还不是人们熟悉的职业玩家，而是这个行业的幕后人。他们主要负责团队建设、管理、商业开发、宣传包装等。2019年，人力资源和社会保障部正式将“电子竞技运营师”列为一门新职业。

公众熟悉的中国超级联赛和中国职业篮球联赛（CBA）等赛事，一线运动员只有数百人，围绕他们做各种服务和商业开发的则有数万人。电子竞技运营师和职业选手之间的关系与此类似。

最初，无论职业玩家还是运营者，都是自学成才，凭兴趣和经验在这个行业里坚持开发。今后，电子竞技运营师也要接受职业培训，学习通用的文娱体育商业开发技能。他们中的首创者，今后也是这个行业的导师。

与电子竞技员相比，电子竞技运营师并不那么风光，更不是舆论焦点。他们需要写策划文案，一家家去谈赞助，拟定并管理合同，还要维修竞技场地。不过，像歌手、影星或者职业运动员一样，公众人物的背后都要有一群人默默奉献，才能撑起整个行业大厦。在职业玩家背后，站着的就是这批电子竞技运营师。

电子竞技产生的时间很晚。据调查，国内职业运营师最长的只干过7年。不过，大概89%的电子竞技运营师的收入超过当地平均工资，最多的达到3倍。今天，电子竞技运营师已经是一个正规职业，而不只是兴趣爱好。

一般人会把电子游戏行业和电子竞技行业搞混。前者是普通人玩游戏，我国玩家已经达到总人口的五分之一。在游戏充值市场，美国有将近200亿美元投入，我国有超过1000亿人民币投入，体量差不多。

电子游戏相当于牛奶，电子竞技相当于牛奶上面那层薄薄的油，全球市场投入刚超过10亿美元，电子竞技员和运营师的收入都来自其中。不过，电子游戏也是典型的“粉丝”经济。只有“粉丝”数量庞大，电子竞技行业才能赢利并增长。

现在，这个行业已经进入高速增长期，我国有望成为全球最大电子竞技市场。而对于电子竞技运营师，最近五年就有150万个左右的岗位缺口。

05　科学传播人

笔者经常接受邀请做讲座。主办方经常会提到一个问题：“怎么介绍你的学术头衔?”

对别人很简单的事，到我这里就很为难。我有教育学学士文凭，但是基本没教书，长期靠写作生活。如果把我介绍成“知名作家”，又总会有人拿着自己写的诗请我“指点”。我表示对此一窍不通，对方也很纳闷，不懂诗词曲赋的人也算作家？

有一次，主办方无奈，在黑板上把我介绍为“科幻学教授”。我赶紧让他们擦掉，因为我既不是教授，现在对“科幻”的了解也不算专业，这么写等于伪造学历。

直到不久前，我发现一个职业称呼，与我这些年做的事最接近，叫作“科学传播专家”。2013年，中国科协开始聘任首批科学传播专家，到现在已经进行了六批。入选者基本还是体制内的专家学者，并且按专业划分。两院院士、学术带头人在里面占了很高比例。

最近，有些地方与个别行业开始面向社会，评审“科学传播专业”职称。2019年，天津人力资源与社会保障局在“图书资料系列”下面列入“科学传播专业”职称。2020年，中国生物多样性保护与绿色发展基金会也开始评审“科学传播专业”职称，主要针对生物多样性领域的科普人士。将来，这一职称的授予范围会越来越大。

“科学传播”是从科普概念发展来的，它以向公众传播科学，培养科学精神为己任。不过，它与传统科普相比形式更多，更倾向于文化。在这些正式职称出现前，就有不少人接受专业科学教育后，并不从事科研，而是自发地投身科学传播。科学松鼠会、果壳网、科学公园、微科普等，都是民间的科学传播组织。

在北京，有相当一批人以科学传播为收入来源。他们开发科学游戏，组织科学会展，交易科教片的版权，出版科学图书，或者给电视台充任科学顾问。他们从事的领域其实属于文化业，操作流程也与其他出版、影视、会展行业类同，只不过是以科学为内容。

如今，果壳网、知乎网、未来事务管理局等都获得了风险投资，这显示出资本对科学传播市场的青睐。而随着这个市场的扩大，对科学传播人才也会相应有强大的需求。

现在，高校尚未设置科学传播专业。社会上的科学传播公司多从各行各业里招收有志于科学传播的人才。但这只是过渡阶段，未来一定会有专门的科学传播人才培训机构。

成为科学传播人，对专业知识并无要求。这个圈子里既有物理专业毕业生，也有认知神经科学，或者英语专业毕业生。笔者就创作过天文学、气象学、海洋学、考古学、航天科技内容的科普作品。有些是由专业机构发起，由作者创作。一般情况下，他们会组织专家顾问，并向作者提供专业知识。如果没有条件，作者也会通过相关论文、专著了解这些专业的现状。

科学传播和广义的传播专业一样，需要掌握多种传播形式，如何出版，如何做影视，如何办会展……同时，科学传播人还要掌握受众心理，知道公众对传播内容持什么态度。在这一点上，科学传播人更接近广告商，只不过推销的内容是科学。

不当科学家，改当科学传播家？是的，只要是社会有需求的行业，都会有前景。

06　情绪音乐师

所有艺术形式都要调动人的情绪，但以音乐最为直接。未来会出现一批完全从情绪角度使用音乐作品的人，他们被称为情绪音乐师。

从战鼓和劳动号子开始，人类发明音乐，就是为了直接刺激情绪。但直到心理学产生后，人类才开始从科学角度研究情绪与音乐的关系，并做了不少有趣的研究。

置身于客观环境里，人类会产生各种自然情绪，音乐却是人为制造的。如果专门谱写一首曲子让人恶心或者愤怒，理论上并非不可以，但恐怕流行不开。所以，能够传承的音乐主要都是提升人类积极、愉快的情绪。西南大学的王璐和陈旭用脑成像技术对此进行了系统研究，发现经典音乐能够刺激脑区的奖赏系统，并激发快乐体验。

音乐对情绪的影响能跨越文化。2009年，有德国团队深入非洲原始部落，找来一些从未接触西方文化的人，让他们听西方古典音乐，发现他们都能够辨认出乐曲中的快乐、恐惧和忧伤。

在心理学界，咨询师最早使用音乐素材。1944年，美国密歇根州立大学第一次把音乐治疗设置为学科，迄今已经发展成熟。

不过，音乐治疗主要处理压力过载问题，所以会选择让人放松的音乐。如果有条件，还要配上安静的环境。但是，音乐并非只有这一种正面功能。以进行曲为代表的音乐反而能提升紧张水平，促人奋进。它们更多地运用于教育和军事训练环境里，以激发听众的工作动力。而在葬礼这类环境中，又需要哀而不伤的音乐，既能让参加者寄托哀思，又不能过度悲伤。

音乐家的“任务”是创作能流传的歌曲。他们能意识到音乐对情绪有作用，但只是凭借个人经验调整两者的关系。情绪音乐师不同，他们的主要工作是分析各种音乐产品，研究它们对人类情绪究竟有什么影响。

音乐创作属于个体劳动，音乐家凭借创作灵感完成。情绪音乐师则需要团队配合。他们有可能既接受过音乐训练，又接受过心理学教育。也有可能分别由这两个专业培训出来，但受聘于同一家情绪音乐公司。这些人要从男女老幼各种群体里选择受试者，一边播放音乐，一边用心理学仪器测试他们的情绪反应，并归纳出能提升不同情绪的音乐。

情绪音乐产业的服务对象很广泛，会展、庆典、私人仪式等，这些都需要与环境配套的音乐，而且需要让音乐参与整体设计。情绪音乐师通常不用亲自演奏，但也不排除亲自上场。

07　沉浸式艺术家

在美剧《西部世界》里，玩家能进入模拟的传统西部小镇，与机器人接待员激烈互动。这部美剧除了改编自20世纪70年代同名科幻片之外，还借鉴了新近流行的沉浸式表演。这部美剧就是一场规模超大、永不停止的沉浸式演出。

自古以来，戏剧表演者就希望观众越沉浸其中越好。但是限于技术和经济条件，只能采用舞台表演的方式。观众进场后，无论灯光和布景多么复杂，始终知道自己是坐在观众席上看表演。沉浸式表演完全突破舞台和观众席的分隔，把观众请到布景里面，和演员一起活动。

要达到这个效果，沉浸式表演就不能在传统剧场里进行。甘肃敦煌市为了《又见敦煌》这部沉浸式戏剧，建设了专门的剧场。在类似体育馆的空间里，几年来只表演这一出戏。国外有的沉浸式戏剧为了达到预期效果，设计人员会包下一幢楼，将其里里外外装修成故事所需要的背景。著名的沉浸式戏剧《不眠之夜》在上海上演，就是整体改造了一座酒店作为场景。还有一些沉浸式戏剧的场景用租来的巨大旧厂房搭建，设计人员会将其内部完全改造。

传统戏剧都是由剧团租用剧场，表演若干场次就离开，并不改造剧场本身。沉浸式戏剧因为要投入大量金钱改造整个建筑，一般不会只演几场，而是长年累月地演下去，比如《彼特潘的冒险》在国外演了20多年。这样一来，沉浸式戏剧场地还会售卖多种周边产品，变成旅游目的地。

沉浸式戏剧的出现依赖于舞台技术的提高。将大量视频和音响技术运用于人造空间，才能制造出沉浸效果。沉浸式戏剧对道具的要求也很高。如果观众远在观众席上看表演，道具背景不必做得很认真，甚至可以使用屏风等假定性道具。而沉浸式戏剧大量使用真品，茶杯里的茶水甚至可以喝，每场表演都会产生相当数量的耗材。所以，沉浸式戏剧的成本高昂，价格不菲。

沉浸式戏剧的普及与大量沉浸式游戏的流行有很强的相关性。像密室逃脱、狼人杀、剧本杀之类的游戏，虽然空间小，但也讲究沉浸效果。年轻观众从小接受沉浸式游戏的玩法，也会成为大型沉浸式戏剧的爱好者。

沉浸式戏剧的形式刚从国外引进不久，一些国内项目还处在尝试阶段。有些剧组把精力用在新技术的运用上，试图通过“一惊一乍”的效果吸引观众，剧情比传统戏剧差得多。

但是很快，我国观众对沉浸式表演的需求就会从“图新鲜”发生转变。随着观众欣赏水平的提高，沉浸式戏剧也会更新换代，有望变成主流戏剧形式。

沉浸式戏剧的推广需要大量的新型演员。他们不仅要背台词，还要与观众互动。除此之外，他们还要学会调节气氛。由于他们就站在观众身边，所以表演难度比舞台上演员的表演难度大。

同时，从编剧、导演，再到置景、灯光等各个环节，沉浸式戏剧都不同于传统戏剧。未来会出现一个完整的沉浸式戏剧家队伍。当然，他们也需要全新的技能和训练。

08 “网灵”维护员

过去，记录信息要用竹简、丝帛、纸等载体，除了极少数名人，普通死者的生平被埋没，活着的亲属只能靠回忆来纪念他们。天长日久，当这些亲属也去世后，先人的日常事迹就会陆续湮灭。

印刷术普及后，传记成为纪念死者的主要形式。这些年，不乏有人以自费出书的形式纪念死去的亲属，让某些普通人的生平也能留下印迹。但是，毕竟是少数人在使用这种形式。

网络技术彻底改变了这种局面。早在十几年前就诞生了专业的祭奠网站。人们可以为某位死者单独开设网页，摆放照片和祭文，定期发起网上纪念活动。但是，早期祭奠网站的信息几乎都由家属提供。

如今很多人会在网络上留下数字信息，包括视频、录音、照片、留言、发帖，甚至“点赞”。有些人使用微博或者社交软件后，留下很多信息，包括大量的生平事件。

依靠大数据技术，可以把某人的网络足迹汇总起来。未来的祭奠网站会帮助死者家属收集死者生前留下的网络足迹。如果家属有需要，公司服务人员还可以登门拜访，听亲朋好友讲述死者生平，包括逸闻趣事、兴趣爱好、生活习惯等。总之，可以收集死者留在现实世界中，但生前没来得及转成数字信息的资料。

有些家属只能口述死者生平，提供照片和实物。而祭奠网站专业服务员的工作，就是把收集的资料做记录并归档。

如今，计算机动画（CG）技术已经发展得炉火纯青，技术人员完全可以参照死者生前的影像资料，制作一个活动的虚拟形象，并让它讲述收集并整理好的信息。甚至，这个虚拟形象还可以与人做简单互动。比如，按照死者的习惯对某些事件作出评价。

如此一来，死者相当于活在虚拟世界中。当然，这些都需要技术维护。家属需要缴纳一定的年费，才能保证死者“生存”在网络中。不过，这种方式会改变以往的丧葬习惯。很多人认为，与其花很多钱搞风光葬礼，不如花更少的钱，让死者在网络中长期存在下去。

平时如有需要，家属打开手机或电脑，登陆祭奠网站，就能与死去的亲人“相聚”。从社会科学研究者和历史科学研究者的角度考虑，如果网上保存了几百万、几千万的个人生平，也会有利于他们的研究。

未来，网上追悼会成为一种常态，而且需要一大批“网灵”维护员从事日常服务。

09 互动小说创作者

刘慈欣是我国著名的科幻作家，《流浪地球》和《乡村教师》是他的短篇代表作，它们的英文版已经由中文在线公司输出。不过，英文读者阅读的不是原文，而是它们的互动小说版本，读者可以选择不同人物进入情节。

作者主动地写，读者被动地看，小说历来都是这样。但是互动小说打破了这个模式，读者可以在不同结局里进行选择。

1944年，阿根廷作家博尔赫斯创作了《交叉小径的花园》，这个故事有两个结局，如果使用传统阅读方式，读者会感觉十分困惑。这是互动小说的开端。

20世纪60年代，欧洲一些纯文学作家认为这种扑朔迷离的结构很有实验色彩，于是开始大量尝试写分叉式小说。不久，美国商业作家看到了其中的商机，开始给孩子们写分叉式的童书，涌现出《外星领地》《幸运的蕾丝》《追踪者》等作品。1979年，美国推出了系列小说《选择你自己的冒险故事》，被译成25种语言，是当年互动小说的一个高峰。

2018年，奈飞出品的科幻片《黑镜：潘达斯奈基》就反映了这段历史。影片背景设置在1984年，一个电脑程序员把奇幻小说改成游戏，进而迷失在虚拟和现实的交叉中，这个程序员改编的就是互动小说。

互动小说最大的特点是沿着不同路径阅读，会发现是完全不同的故事。不过，由于电脑和网络尚未普及，早期互动小说和普通小说一样，都被印成了纸质书的形式，只是在章节末尾处标明“可转到××页”。这种方式令读者阅读起来很不方便，所以互动小说并未普及。另外，由于阅读形式变复杂，内容就得简化才行，否则真会把读者看迷糊。所以，早期互动小说多为童话。

网络时代开启后，互动小说出现更大的商机。它可以加上画面、音乐，从而更像简单的游戏，但以阅读为消费的主要过程。于是，这些小说变成了“叙事游戏”，进展为角色扮演的沉浸式阅读产品。

到此为止，仍然是作者创作，读者只能阅读。接下来的发展就是让读者也进入创作，类似于大家一起写接龙故事，看谁的故事更受欢迎。至此，读者和作家的界限开始模糊。国内橙光网站开发了程序工具，大批“90后”和“00后”在上面发展同一个故事，其中的优秀作品可以获得奖金。

于是，我们熟悉的网络小说可能会成为过去，大家一起写接龙故事才是未来。而在这样的集体创作中，单独靠一个人码字已经很困难了。未来的互动小说作者可能是一个团队，有人写文字，有人设计图案，有人谱曲，大家共同围绕一个背景写下去。

总之，大家共同创造文字世界，会取代作家一个人创造文字世界的现状，成为未来文学的重要形式。

10　意念运动员

“心想事成”的意思是心中想要的都能圆满达到，多用于祝福他人。如今，心想事成可以成为现实。当然，前提是有一门技术，可以把内心想法直接变成物质影响，这就是脑机接口技术。

最简单的脑机接口，就是用人脑直接控制计算机。在美国加州大学洛杉矶分校教授弗莱德组织的实验中，被试大脑与电脑相连，操控电脑放大自己选中的照片，或者删除不需要的照片。实验表明，仅使用四个脑细胞就能完成这个任务。

如今，电脑已经能控制从核电站到冰箱的各种设备。所以，如果人脑能控制电脑，加上外部设备，就可以直接影响物质世界。早期研究人员把猴子作为实验对象，它们就能用脑直接控制机械手。

制成脑机接口是一种侵入式技术，多少会对头部造成损伤。所以，当它运用于人类时，主要的用途是恢复残疾人的功能。比如用人工耳蜗恢复听觉，用电子眼恢复视觉，都需要把它们连入神经系统。

接下来，脑机接口可以用于机械义肢。在《星球大战》里面，维德和卢克父子都有一只机械假手来挥舞光剑。现实中，这类机械义肢已经进入实验。

在《黑客帝国》中，人们都要往脊椎里插入电极，那是对侵入式脑机接口的夸张描写。不过，脑磁图技术与核磁共振成像技术已经实现了非侵入式脑机接口的设想。也就是说，不用再把什么设备插入身体，只要你集中精力思考，便有一个仪器把你的念头捕捉到，并输出到外部设备中。在一项研究中，人体已经可以用这种技术控制机械臂。

当然，无论是脑磁图技术还是核磁共振成像技术，都需要大体积的设备，使用者不能随身携带。而且这种“脑控”有延时，有时甚至长达7秒，完全不实用。不过，只要有需求，技术便会迅速提高。相信很快，残障者就可以用电子眼看世界，或者操纵机械腿上下楼梯……他们能够重新融入生活。

每年夏季奥运会之后，会举办残疾人奥运会，运动会上残疾人分组比赛。然而，未来的脑机接口可以解决一切残疾问题。于是，便会出现一种称为“意念奥运会”的赛事类型，参赛者通过脑机接口完成残奥会上的所有项目。

有“刀锋战士”之称的南非残疾人皮斯托瑞斯凭借一双碳纤维义肢，参加2012年伦敦奥运会并获得成绩。而国际田径联合会的研究表明，这双义肢让他比正常选手少支出25%左右的体能。

未来，通过意念控制机械义肢的运动员有可能打破健全人的世界纪录。比如，他们会用机械臂举起正常人无法举起的重量。

一场意念运动会将是展示这类技术的最好平台。大家不妨关注脑机接口技术，看看它会创造哪些奇迹。

11　高危职业——影视演员

以后可能不需要类似《演员的修养》这种教材了，因为CG会让演员这个行业彻底消失。CG是computer graphics（计算机图像）的缩写，20世纪70年代被发明，最初用于工程设计。由于它普遍应用于影视业，所以现在人们习惯用“CG”来称呼电脑动画行业。

20多年前，《终结者2》就体现了CG在电影中的表现力；到了《侏罗纪公园》，演员已经能和虚拟恐龙融合；在《阿甘正传》中，CG可以让演员出现在他不在场的画面里。

1997年，《玩具总动员》开创了全数字电影时代。当然，这部电影里面没有真人演员。2002年出现了第一部真人出演的纯数字电影，就是《星球大战2：克隆人的进攻》。从此，在演员身边可以植入各种虚拟背景。只有想不到，没有做不到。

另一项技术也穿插进来，那就是动作捕捉。这种技术不仅可以捕捉全身动作，还可以捕捉面部表情。最初，这种技术用于塑造非人类角色，比如金刚、约达大师、咕噜、那威人。然而，既然虚拟角色被塑造得惟妙惟肖，为什么不直接制作真人角色呢？这其中有个“恐怖谷”理论限制着CG朝这方面发展。

1970年，日本机器人专家森政弘认为，设计的仿真物（如机器人、玩偶等）如果有点像人，会令大家觉得可爱。但如果相似度超过95%而又没达到100%，那一点点差异便会让人觉得可怕。比如，洋娃娃如果做得逼真过于像人，小孩子反而会不喜欢。

有些CG专家不信服，他们利用CG加表情捕捉技术，制造出非常逼真的角色。电影《真实幻想》《贝奥武甫》和《爵迹》都试图跨越“恐怖谷”，结果它们在票房上惨败。这些电影里的角色越像真人，观众反而越会放大那一点点不像人的地方。所以，现在即使有更好的技术应用于电影产业，也仍然会让虚拟角色不那么像人。

不过，另一种需求很可能让制片人迈过最后那5%，那就是明星的高片酬。当然，制作虚拟演员也得花一笔钱，但是做出来后就是零片酬。

在《奇幻森林》里面，小男孩毛克利周围所有动植物和背景都是虚拟的，如果再把这唯一的活人换掉，那不就是全虚拟的“真人”电影吗？

如果观众不接受陌生的CG人，还可以使用经过授权演员的相貌。未来，真人演员只能参加综艺节目或者演小剧场。

12　高危职业——播音主持人

20世纪70年代，电视机开始进入普通家庭。当时电视机只有中央电视台一个频道，播音主持人的人数也很少。而且在相当长的时间里，播音主持人的影响力超过影视明星。

不过，这个风光了40多年的职业在未来可能会消失。2018年11月7日，搜狗公司与新华通讯社（简称“新华社”）在第五届世界互联网大会上，联合发布了全球首个男性AI主持人。第二年，他们又推出了女性主播“雅妮”。AI主持人“雅妮”，实际是在采集少量真人主持李雅妮的形象及语音素材后，经由系统自动学习、训练、形象模拟出来的。

2020年，搜狗公司又为新华社推出了“新小微”。它采用了新华社记者赵琬微的图像信息加工而成，并于5月21日正式上线。

以上例子里面，AI代替的都是播音主持人。播音主持人如果念错了稿子会被认为是播音事故，而相比真人，AI主持人基本不会犯错。

所以，合成主持人主要靠的是CG技术，要能够一举跨过“恐怖谷”，也就是与真人相似到不让人感觉毛骨悚然的程度。

这些AI主持人出现前，有主持人就对自己的行业前景发出感慨：我们除了报幕和报广告，还能做什么……其实主持人并非只能报幕和报广告，而是要在节目中随机应变，更考验知识和能力。

赵忠祥是我国第一位男播音员。1983年，他在中央电视台主持五四蒲公英青年智力竞赛，也是在这个节目中，中国大陆首次使用了“节目主持人”这个称谓。后来，从上海戏剧学院开始，各种新闻艺术院校纷纷设置主持人专业。我们熟知的白岩松、敬一丹等，就是第一代科班出身的主持人。

更为灵活的节目主持人就不会被取代吗？最近，一些网络平台做了这种尝试。爱奇艺在“我是唱作人”中引用了AI主持人，名叫“制作人C”，它的作用是评点新创作的词。直播中，它以虚拟的熊猫造型出镜。

出乎意料的是，观众对“制作人C”的反应很不错，因为它不像某些人类主持人那么抢戏。“我是唱作人”是一档竞赛节目，观众更希望主持人有客观、理性的风格。人类在这方面很难与AI主持人相比。

日本人于2007年开发出虚拟歌手“初音未来”。经过不断的技术升级，它是世界上第一个使用全息投影技术举办演唱会的虚拟偶像。试想，虚拟主持人走到户外的时间还会远吗？

13 高危职业——网文作者

网络文学眼下不是很火吗？怎么也会濒临消失？听我从它的源头讲起。

30年前，网络文学开始于发达国家。最早的中文网络文学也是一批在美国的留学生发起的。1991年，他们创办了网络杂志《华夏文摘》，其中收录有小小说《鼠类文明》，是有据可查的第一篇网络小说。

当时的网络技术很原始，使用中文的网民只有几万人，写网络文学没有收入。所以，那时候的网络文学和传统文学完全一样。人们多写诗歌、散文、小小说之类，共同特点就是短。既然不挣钱，只是凭兴趣爱好来写，谁会写长篇大论？这些作品一般发表在论坛上，会有人收集起来编成电子杂志，其过程和传统杂志的编选过程差不多。

当然，也不排除在没有收入的前提下，有人能像曹雪芹那样写很长的文章。台湾作者蔡智恒写了一部言情小说，名叫《第一次的亲密接触》，后来被出版商相中，成为从网络文学中走出来的第一部畅销书。

那以后好几年，先在网上宣传，再由传统出版社出版，是网络文学作者得到稿费的唯一渠道。我的第一部长篇于1999年创作完成。作品原本计划正式出版，因为资金不到位，只好放到一个叫“书路”的文学网站上，结果三个星期后就有出版社打来电话，表示给予出版。

那时，文学网站包括“榕树下”“书路”等，都是通过收集网文提升点击率，然后卖广告赚钱。这样的文学网站后来基本都消失了。有位朋友曾创办了一个叫“E书”的网站，免费把我的稿子制成电子书，当时感觉在电脑上能翻页，很前卫，但只能免费下载阅读，网站撑到2002年就倒闭了。

至于作者，他们大多更倾向于以纸媒形式出版作品，事先跟编辑约定好字数，收取稿费。

2002年，起点中文网创办付费阅读，开创了现在的网文时代。读者付费点击，网站和作者分账。2005年，我参加了中文在线举办的笔会。网站工作人员说，作家以后不能只管写，还要自我包装，学习各种增加点击量的办法。当时我还没意识到，这是与传统写作完全不同的新世界。

从那时开始的网络文学，最大的特点就是长，而诗歌、散文、小小说等体裁不符合这种要求。由于有了激励机制，作者经常会日更数千字，很多作品总字数在百万以上。但从某种程度上讲，这违背了创作规律。好作品在写作前要有生活积累，写作中要反复谋篇布局，完稿后还会进行多次修改。这种“慢工出细活”的方式不符合网络文学的机制。

而且，网络文学很容易形成写作模版，比传统写作更套路化，这符合AI的操作方式。现在的写作程序已经能通过阅读某位作家的作品，模仿其风格编写文字，甚至以假乱真。写作程序不会疲劳，能同时挖很多“坑”，再慢慢填上，这不是人类作者能够较量的。

我认为网文作者即将消失，原因就在于此。

14 高危职业——文字记者

近几年，用手机看新闻的朋友会发现，新闻客户端上会有一些枯燥无味的快讯，尽是车轱辘话，但基本信息准确无误。这就是由人工智能生成的新闻稿。

自从安特卫普的《新闻报》在1609年诞生后，记者就成为文化环境的重要构建者。市民平时谈论的话题，以及小说和影视素材，很多都来自记者的报道。不过，只要是文字工作，无不受到人工智能威胁，文字记者也是一样。

2015年9月10日，腾讯财经频道使用自动化新闻程序生成了一篇报道，名为《8月CPI同比上涨2.0% 创12个月新高》。这是中国大陆能查证的第一篇自动生成的新闻，据说生成它只用了一分钟。

从那以后，自动新闻就不断出现在体育赛事报道和财经新闻里面。这两类新闻有个共同点，就是都以数据为核心，只要数据准确，报道本身有没有文采并不重要。并且，两者都有能够及时提供数据的部门，前者是赛事主办方，后者是财经主管部门。

美国联合通讯社（简称美联社）的自动新闻程序会检索上市公司的年报，并提取各种数字，按照统一模板生成新闻。每个季度，该程序能生成将近4000篇财经报道，比人工写稿快4倍！

在我国，网络公司诞生后，要向传统媒体购买新闻内容，而后者一直不支持自动生成稿件，仍然使用真人记者。所以，网络公司不仅是这类软件的使用者，也是它的开发者。国外也有个别独立公司，专门研制新闻生成软件，并获得风险投资。

新闻稿件写成后，还要过主编这一关，由他决定上什么，不上什么。这个决策一直由真人靠经验来完成。不过，主编的日子也不好过。据说，《纽约时报》使用了一个名叫“Blossom”的程序来挑稿子。它能运用大数据，迅速了解读者需要什么。由它挑选的文章比其他文章的阅读量高38倍！

而且，这家伙在工作中不掺杂个人利益，24小时都不休息，哪个主编能与它竞争？

细心的读者会发现，我用的标题是“文字记者”。其实，记者主要的工作不是写文字，而是寻找新闻线索。这些年记者工作的退化，也导致了这个职业的危险。

身为作家，经常会有记者采访我。最初他们会约谈本人，面对面捕捉新闻线索。后来改成打电话询问。再往后，他们会发来问题单，让我自己填写。最近这个程序也没有了。他们干脆从网上搜索我的信息，直接写报道。以至于总是有人提醒后，我才知道自己已经被报道。

如果只是凭借搜索引擎工作，电脑程序岂不是干得更快更好，还不需要发工资。现在很多传统媒体都会发这样的报道：据网友说，据某网站说。这么偷懒的话，机器人就在后面“盯”着你这个位置。

我当然不喜欢看机器生成的报道，我喜欢经过亲身调研的，有深度的报道。如果人工智能把写文稿这摊事揽过去，让记者重新走出门看世界，那未尝不是好事。只会写文字的记者恐怕做不长久。

15 高危职业——图书管理员

半个世纪前，科幻作家阿西莫夫写下一个短篇小说，名叫《他们那时多有趣》。在小说中的2155年，所有孩子都看电子产品长大。小男孩托米居然发现了一本纸质图书，于是，大家把它当成老古董来研究。

我是在大学里看的这篇小说，当时我就相信，所有与纸质图书有关的职业早晚都会消失。

印刷业有个数据，叫作总印张，指的是全国全年为了印刷图书、报纸、期刊，总共用了多少纸。核算单位是印张，这个标准是不变的。

1986年，我读大学时，总印张为496.8亿印张。网络时代开启后，我更有理由相信纸书会消失。但纸媒总量又上升了一段时间，2011年到最高峰，达到3099.23亿印张。如果单看图书出版种类，是在2012年达到最高峰，然后逐年下降。

1999年，笔者开始在网上发表文章。那时全国网民只有几百万，网上有用的文字资源几乎都是从纸媒搬上来的。当时人们设想的电子书，就是请作家按传统方式创作，然后用程序让它们无法复制，而且必须付费阅读。

第一部大规模试水的网络小说名叫《骑弹飞行》，由美国恐怖小说大王斯蒂芬金创作，当时的下载量为几十万次。更多新作者的网络小说都是免费阅读的，获得影响力后出版成书。

起点中文网和中文在线等公司的成立，让在线出版开始起步。到现在，已经发展出很多付费形式。网民也扩张到几个亿，电子书有了坚实的阅读基础。特别是阅读硬件从电脑改成手机，屏幕具备了护眼模式，这些都减少了电子阅读的不适感。

电子媒体的最大优势就是减少物质消耗。要知道，2019年，我国仍然生产了1亿多吨纸和纸板。这里面消耗的植物资源量，以及为制作和运输它们消耗的燃料量是个天文数字。即便如此，把图书、报纸、期刊运到穷乡僻壤，仍然十分困难。而电子媒体只用无重量的信号就能完成这一切。现在，绝大多数村落通了互联网，这是在纸媒时代不能完全覆盖的区域。

不过，近些年有统计表明，图书管理员的数量还在增加，原因是图书馆本身的数量在增加。作为公益事业，这几十年国家在基层建设了大量图书馆。另外，相当多的人还保留着纸媒阅读习惯。

然而，在某些图书馆门口，已经竖起了自动借阅装置。它们和快递收件箱差不多大，还需要人力把图书在它们与库房之间搬来搬去。但是，既然顺丰、京东这些公司能建成无人仓库，以类似的软、硬件建成无人图书馆的那一天，相信也不会遥远。

第十一章　与教育有关的职业

一代又一代，学生们坐在教室里学习，终日和几十张熟悉的面孔做伴，这个时代可能快结束了。你们的孩子有可能大部分时间待在课堂之外，他们能得到的知识和技能反而会多得多。很多新型教育形式会让他们拥有完全不一样的童年。

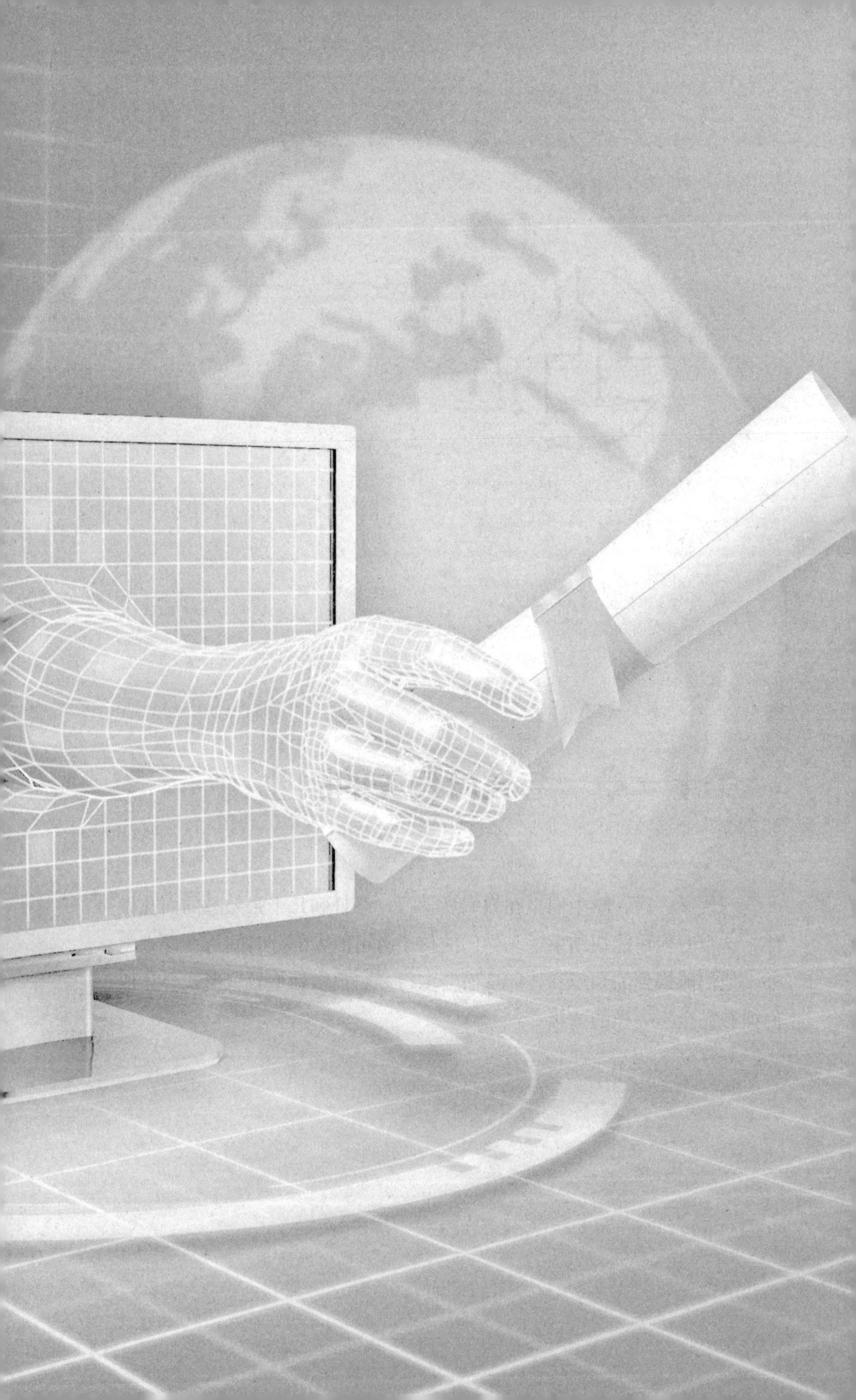

01 新职业培训专家

本书列出的新职业，它们有个共同特点，就是需要接受从业人员培训。而那些即将消失的旧行业，其从业人员迫切地需要转岗培训。所以，新职业培训工作本身就是一种新兴职业，并且可能一直会“火”下去。

传统社会里，一个农民在农闲时“出河工”，或者被拉去当兵打仗，基本不需要专门训练。现代社会的分工高度发达，一个人很难终生只干一行，所以几乎每个人都会面临职业培训问题。

对已经告别学校教育的成年人进行再培训，这并非新鲜事。早在20世纪20年代，美国由于大规模工业化，需要很多工程技术人员，一些大学就开办“技术革命培训班”，给在职人员提供新技术培训。

“继续教育”这个行业从此形成，1962年由联合国教科文组织推广到世界各地。我国在新时代也在大量开展继续教育。我从事的第一份职业就是教师进修学校教师，主要负责给县里学校来的校长和老师做培训。

不过在很长一段时间里，国内的继续教育以“补文凭”为主。教材内容和普通教育差不多，一般从普通高校聘请教师，只是把成年人集中起来听课。

“新职业培训专家”的工作完全不同。他们首先要研究哪些才是新职业，要关注那些刚刚出现又缺乏系统培训的职业。和以“蓝翔技校”为代表的传统技工学校相比，“新职业培训”的特点就是新，它要站在时代前列，甚至未雨绸缪。所以，它更能吸引有职业经历、敢冒险、想转行的成年人，而不是先谋求一份稳定工作的应届毕业生。

“新职业培训专家”并非其中某个具体新行业的专家，而是组织这类培训的专家。由于教的是新职业，一开始没有固定教材，也没有系统培训方法，所以“新职业培训专家”必须会编写教材、组织课程。因为他们也不是这些新职业里面的“高手”，所以他们还要熟悉物色专家的方法。比如“飞手”这一职业，高等院校中的博士、教授肯定不擅长，得从有经验的“飞手”里面寻找善于表达，热心传授的人，所以“新职业培训专家”还必须有较强的社交能力和一定的人力资源管理知识。

职业是操作行为，不能仅在课堂上讲。要想让学员实地操作，需要什么设备，培训中消耗什么物资，都必须考虑到。有些职业，如“高级农田管理员”，给他们做相应培训时还必须寻找培训场地。这些都得由“新职业培训专家”自己解决。

在学员方面，新职业培训专家必须掌握成人心理学、学习心理学等专业知识，熟悉成人学习时面临的具体问题。比如，一名哺乳期妇女接受职业培训会遇到什么问题，记忆力下降的中年人接受培训会遇到什么问题，诸如此类，新职业培训专家在设计课程时要综合考虑。

总之，新职业培训专家是个“多面手”。他们的任务就是帮助学员改变职业生涯。

02 在线教师

通过网络向分散在各地的学员授课，这在今天已经成为现实，目前全国有20多万个在线教育平台。新冠肺炎疫情期间，很多学校和组织只能依靠网络教学，使得网络授课的重要性大大增加，有数据表明当时在线教育公司以每天大概140家的注册速度暴增。

2020年7月，人力资源和社会保障部发布的九个新职业里面就有它。但不知为什么，它被称为“在线学习服务师”，而不是“在线教师”。也许有种根深蒂固的观念在作怪，认为“教师”只能指在课堂上讲课的那群人。但我还是希望把他们直接称为“在线教师”，因为在将来，在线教育会成为主流教育形式之一。

其实，和疫情期间不得不待在家里上网课的中小学生不同，在线教育的对象主要是成年人。他们知道自己想学什么，自己为学习“买单”。所以，在线教育的管理者不必担心学员的积极性。

不过，在线教育所提供的往往不是系统的专业课，而是技能课，或者琴棋书画之类与爱好相关的课程。与课堂教师相比，在线教师也需要一定的资格认证，但主要是得有技能。大部分这类课程需要在线教师亲自画，亲自唱，亲自操作。所以，在线教师的资格认证更为灵活多样。

另外，与门槛高但工作稳定的课堂教师相比，在线教育全凭市场。因为不存在就近入学问题，有些小城市的精品课程能卖到全国，比如山东潍坊的漫画制作课。这给了很多有特殊专才的人以机会。

但是，在线教育的淘汰率非常高。同样一门课程，学员们动动鼠标，就从这个省跑到那个省。所以，在线教师必须有真才实学才能“粘”住学员。

如今，在线教师的主力不是来自教育部门，而是各行业的专业人士。他们有的把在线当教师作为第二职业，有的干脆转为第一职业。当然，这些人有专业能力，未必有教学和沟通能力，所以还需要经过一定培训。

大部分职业操作需要花费时间，很多在线课程必须先提前录制，再把关键操作步骤剪辑成视频播放。有些年轻的在线教师自录自制，但是由于缺乏专业设备和录制场所，效果不一定好。

这样就需要一批熟悉电脑的工作人员，还有一批并不露面，只是负责在线传播、在线招收学员的工作人员。现在把这个行业的从业者统称为“在线学习服务师”，可能也有这个考虑，因为他们中很多人并不出现在直播里。

在线教师与在线教育平台之间的关系比较灵活。有的人受聘于一个平台，成为专职人员。有的人同时受聘于几个平台，成为“讲课个体户”。

在线教育极大地拓宽了人们的学习领域。如果把课程当成商品的话，只提供十几种课程的传统学校就像是走街串巷的货郎，而在线教育变成了超市。

03 行为教师

20世纪初，美国心理学家约翰·华生提出“行为科学”的概念，从此形成了心理学中的“行为主义派”。行为主义派着重观察人类的外显行为，而不是内心感受。

除去理论，行为主义派的主要实践就是行为矫正。除了针对罪犯的行为矫正，也有改正儿童的不良习惯，比如啃指甲、挖鼻孔之类。十几年前国内出版了一本叫《行为矫正》书，里面主要讲的就是这些内容。

行为主义心理学曾经构建了宏大的理论体系，然而在实践中却只有这些“鸡毛蒜皮”。孩子们身上的一些习惯即使不接受矫正，成年后大部分也会消失。这类行为矫正从未在学校里普及，最近更被冷落在一边。

随着时代发展，新技术又让低谷中的行为矫正萌发生机，不过这一次，它不仅仅是矫正个别坏习惯，而是要从整体上训练儿童青少年的生活方式。

想当年，只要老师离开教室，里面的学生就会闹翻天。如今，摄像头进入课堂，有些学校会在教室里安装几个摄像头，从不同角度进行监控。学生知道自己处于监控之下，言谈举止远比当年更加自律。对一些稍大点的孩子，利用大数据技术还可以记录他们的网络足迹。

综合以上这些技术，教育机构有条件全面收集学生的行为资料，行为训练才被真正提上日程。虽然德育一直排在智育之前，但如果不与行为训练结合，便不能落到实处。

学生的行为训练内容十分丰富，包括培养良好的个人生活习惯，穿衣、吃饭，甚至正确地使用餐具，都是需要训练的内容。

在物质丰富的商业社会里，学生还要学会抵制商业诱惑，在衣、食、住、行等方面的选择要符合健康要求。日本在亚洲最早推广“食育”，目的是让学生选择健康的食物，而不是有添加剂的垃圾食品，还教学生如何处理食材。这就是行为教育的例子。

每个人是自身健康的第一责任人，这种理念以及伴随而来的好习惯，在儿童青少年时期养成才会受益终身。比如，吸烟、喝酒这些坏习惯在某些学生群体中互相传播，一旦形成非常难戒。如何抵制这些不良习惯，也是行为教育的内容。

学校有责任对来自不同家庭文化背景的学生进行整合教育。比如，与陌生人交流有哪些技巧，学习生活中的文明礼貌方式，走路时不踩“盲道”，乘扶梯要站在右侧，等等，这些都是行为教育的一部分。

学生还要学会辨别和抵制人际歧视。在我国，主要表现为地域歧视和城乡歧视。有些家长可能有这类坏习惯，并表现在口头上和交往中，而行为教师会让学生远离这些恶习。

行为教育是人对人的工作。在过去相当长的时期里，教师只是忙于课堂教学，对学生的行为教育只是口头讲，并没有精力去认真做。未来，行为教育会成为学校教育的主要内容，并且需要大量专职教师。

04 研学导师

孔子被称为“万世师表”，是我国教师行业的祖师爷。不过他老人家并没有在教室里讲课，而是带着弟子们周游列国。若干年后，学生可能又会随着老师外出游历，并在旅行中学习，带队老师就叫研学导师。

研学是“研究性学习”的简称。教师带学生进入一个特殊环境，学生自己发现问题，通过研究来解决问题，从而获得知识。现代学校产生以前，基本上所有儿童都是这样获得知识。他们跟在父母或者师傅身边，在劳动中学习。

当时，只有百分之几的儿童才接受学校教育，在课堂里读书。17世纪捷克教育家夸美纽斯写出《大教学论》，将“班级授课”形成了定制。工业革命后，各国普遍需要有一定文化知识的劳动者，传统师徒制学习完成不了这个任务，以课堂教学为主的学校在发达国家开始普及。

我国在1905年废科举，办新学。从那以后到现在，几代儿童都在学校里长大。以至于我们会觉得，儿童在课堂上听讲，回家写作业，这些模式天经地义。

其实，这只是蒸汽机时代的教学模式。当年纸张有限，更没有电化教学设备，教师在课堂上讲解是最主要的知识传播手段。然而，班级授课制最大的问题也在这里，它让学生失去了主动权，很多孩子因此失去了学习兴趣。另外，一个班级几十人，教师根本没有能力因材施教。

20世纪40年代，美国人开始研究教学机器，试图让单个学生抱着机器就能学习，而不再用教师讲解。几十年后，计算机、手机和网络的普及，更让电子教学成为现实。随着信息技术的发展，课堂教学会逐渐让位给电子化的学习。

古人希望学子要“读万卷书，行万里路”。而知识教学只完成了读万卷书的任务。世界这么大，学生必须要走出去。研学就是去各种真实环境体验人生的一种途径，以前它被称为“第二课堂”，以后参与研学学生的比例会不断增加，花费时间也会与第一课堂持平。学生会把大量时间用于研学，根据自己的兴趣爱好外出实践。

现在，一些相关部门已经给出政策鼓励研学，不少企业也开始进入这个市场。不过，研学不等于带孩子出去玩，而是以体验课程为主。研学导师的任务也不光是讲知识，还要做好组织管理，回答学生提出的各类问题，其难度比课堂教学大。

未来，很多教师将转任研学导师。他们有很强的动手能力和组织能力，主要工作就是带学生奔赴国内甚至世界各处研学目标，边游历，边讲解。

也有一些研学导师不是教师，他们是其他行业中愿意从事研学服务的人。比如，科研院所会设置专人接待学生，向他们介绍本专业的情况。这样，到时候会形成一个庞大的研学导师队伍。

05　教学体验馆馆员

研学能让学生走出课堂，但是考虑到成本，大多地方只能走马观花，不能长期实践。沉浸式教学体验馆则不同，它和学校一样建在社区，能让孩子们长时间在里面实践。

沉浸式教学是让学生置身于一个近似真实的环境里，通过身心投入获得知识，而且获得的不是书本知识，是亲身体验。

这行的宗师名叫杜威，他是美国哲学家兼教育改革家。他在20世纪初提出“做中学”的口号，认为课堂会把孩子变成书呆子，提倡实践出真知。怎么做呢？就是在学校里搞实验室，办工厂，开农场，甚至开银行，组织模拟法庭。总之，让学生体验美国社会基本的生产生活过程。

可以想象，这个初衷很好。但是在学校里搞这些东西，比坐在教室里讲课贵得多，当时的美国也承受不起。到了20世纪50年代，“做中学”便只剩下科学实验。我国在新时期借鉴这一教学改革措施，增加了实验课。现在，条件好的学校已经可以自行设计实验室。

从20世纪90年代开始，一些大城市纷纷扩建科技馆。新式科技馆都设置了互动内容，观众可以摸一摸，动一动。但是大部分内容仍以参观为主。不过，只要是办展览，就希望观众获得全方位感受，所以场馆里面的声光技术运用得越来越高级，装修也越来越整体化。很多场馆参观者一进去，就会置身于一个逼真的空间。中国科技馆在十多年前办过沉浸式的“科幻剧场”，让观众从互动中学到知识。

这都是沉浸式教学馆的起点。未来的沉浸式教学馆应该是这样的场所，场馆里面是一个虚拟空间，可能是虚拟的炼钢厂，虚拟的航天指挥中心，或者虚拟的法庭。里面有真实的生产生活用具，供学生操作。当然，用具是经过选择的，避免造成伤害。还可以通过立体投影和视觉增强技术，将无法放到现场的实物投射在环境里。

这样，学生再次回到杜威设想的环境里，体验社会生活的方方面面，其方式既可以是操作实物，也可以通过互动游戏进行。

现在，只有规模稍大一些城市的部分孩子可以去科技馆体验。但是，要让这一代孩子都在沉浸式教学馆里接受教育，那得建多少新场馆。

其实，在我国，随着工业生产技术的提高，很多旧厂房已经失去作用。除了拆除，很多旧厂房被改建成艺术园区或旅游景点，但旅游业能“消化”的旧厂房毕竟有限。很多厂房动辄几千平方米，笔者认为改造成服务当地学生的互动教学馆更为有利。

还有，随着电商的发展，大量商业中心被闲置。商场内很多商铺租给小型教育公司，而在某些大商场里面，整层商铺都租给了小型教育公司。孩子们在里面做科学实验、练书法、学摄影，这已经是沉浸式教学馆的雏形。

而且随着人口绝对数量的下降，住房需求也在下降，很多商品房面临长期空置。现在，有不少小型沉浸式游戏企业纷纷租用民居，改装后进行运营，说明民居可以变成互动式体验馆。

到那时，这些教学体验馆馆员就是新型教师的一部分。星罗棋布的沉浸式教学体验馆需要多少馆员？你尽可以大胆猜测。

06 科学见证课组织人

2013年6月20日上午10点，航天员王亚平在“天宫一号”空间站里面讲了一堂实验课。相关教育部门当时组织全国6000万学生听讲！很多学生事后回忆说，那是少有的没人交头接耳的一堂课。

这可能是我国教育史上第一次科学见证课。在此之前，美国宇航局也给孩子们开过类似的课。他们之所以在太空中讲，是因为只有那里才有足够的空间演示失重。几年过来，孩子们再没有上过类似的课。而在未来，科学见证课应该成为常设教育内容，和研学、沉浸式课堂一起，把学生带到鲜活的科学实践当中。

科学见证课需要在至少是全国最先进的科研设施里面讲。除了空间站，还可以是南极站、北极站、东方超环、FAST望远镜等。或者选择三峡大坝、青藏铁路这些超大型工程。

除了这些全国瞩目的科研设备和工程成果，一省、一市范围内有影响力的科技成果也可以进入当地科学见证课的范畴。授课内容可以结合教材设计，但一定要让孩子们看到先进的科研设施或者工程成就，知道科技的前沿在哪里，设想未来他们要做什么，而不是只盯着书本上的知识。

我国已经成为世界工业中心，即将成为世界科研中心。所以，科学见证课的内容会大大扩大，频率也会相应增加，最终达到每周一次。这时也会考验整个通信系统。王亚平授课51分钟，在此期间，“天宫一号”绕地球大半圈，视频效果始终如一，这背后有一个庞大且强大的团队做支撑。

上科学见证课必须使用电化教学手段，所以对教室硬件有要求。教室能通网，才能保证科学见证课的正常进行。

科学见证课的主持人都是专业科学家，上这种类型的课对他们来说是业余活动或者公益活动，但对科学见证课的组织者来说，这是他们常规工作的一部分。这些组织者属于教育部门，他们要与科研部门和生产部门紧密联系，筛选科学见证课的对象，设计具体内容，并辅助主持人讲课，而且他们要保证网络畅通，硬件到位。

科学见证课组织人将是一个新兴的教育岗位。

07　考场管理员

临近高考，相信很多人对考前动员的紧张场面司空见惯。考试当天，有些学校会安排大巴车载着考生赴考，而且当地警车会为其开道。在高考的那三天，很多城市会实施特殊的交通管制，以保证考生顺利进入考场。有的考生还会提前入住考场附近的酒店。同时，大量监考老师也要奔赴考场，完成职责。

从古代的科举考试开始，就需要将考生在统一时间集中到一起考试。那时，很多考生在路上要走个把月。如此这般完全是因为信息技术不发达，为保证公平，不得已而为之。

随着信息技术的发展，如此兴师动众的场面可能会消失，分散于社区的全智能信息化考场将取代统一考场。这种智能考场平时严格封闭，以防作弊，里面布置大量终端设备，供考生答题。即使手写部分，也能使用电子笔录入。考场里面有监控镜头取代人工监考。考生刷脸开机，保证不发生替考现象。考试结果由程序直接判断，完成做题即得到分数。

这样的考试系统可以像顺丰或者京东的终端那样遍布全国，考生不必离家很远就能参考。时间高度统一的考试也会分散到每年或每月进行，考生根据自己的学习进度报考具体科目，一次不行还可以再考，避免“一考定终身”。

如果说涉及百万人的高考一时还不能实施信息化，一些小规模的专业化考试，就成为信息化考核的试点。

2020年8月15日，首次举办的深港澳金融科技师资格考试使用线上考试，并且投入“云监考”。这次考试在2019年就已确定，最初安排的同样是常规考试。但出于疫情防控需要，最后临时改变了考试方式。

韩国为了防控疫情，将公务员考试搬到了操场上，以保证考生之间有足够间隔。使用这种方式的原因在于他们不得不使用传统的考试方法。

2020年，深港澳金融科技师考试为智能考试提供了很好的示范。为保证线上考试系统的可靠性，相关工作人员会事先进行模拟测试，而且由于考生从未参加过智能考试，工作人员还得在考前帮助考生熟悉操作流程。

不过，这次考试使用的仍然是传统的试卷。只是通过人工智能识别技术，保证是考生本人参加，而且摄像头全程监控考生的笔试过程。“云监考”人员如果发现异常，就在视频中予以标记。考试结束后，考试委员会组织专家研究有标记的视频，判断考生是否作弊。

驾照考试中的科目一考核，为信息化考试提供了另一个范本。虽然这类考试也需要考生集中，但是不用笔试，由考生直接面对电子终端，后者随机将题库里的题目出示给考生。

未来，智能考场将是生物识别技术和电子题库的结合，考生凭脸就近赴考。

为公正起见，智能考场必须由教育主管部门统一设置，并派专人管理。所以，全国将会出现一大批专业的考场管理员。他们不再是学校教师，而是网络技术人员。考场管理员平时做系统维护，为考生提供咨询服务，考试时成为“云监考”。

08　婴语教师

婴语？是的，就是“babysign”，是婴儿与外界交流和表达的方式和途径。婴儿没有学会成人语言之前，只能靠动作、哭声等信息与外界交流，并且，虽然全世界有2000多种语言，但各国孩子的婴语都差不多。

即使婴儿初步掌握了几个词汇，也不会使用成年人的语法，更不能讲语法结构清晰的长句子，只能“牙牙学语”。这时候的语言行为也属于婴语。

自古以来，成年人就知道婴儿有自己的表达方式，但他们只能靠经验来摸索，或者从长辈那里口口相传。现代心理学产生后，婴语成为儿童心理学的一部分。语言活动与计算机运算高度相关，所以计算机专家也对婴语感兴趣。

2007年，美国斯坦福大学编制了一个模拟婴儿思维的程序。专家们让它学习英语和日语，借以研究婴儿大脑中那些先天的语言模式。

2016年，国内领先的语音识别公司科大讯飞发明出婴语识别软件。把它下载到手机上，让婴儿对着它“牙牙学语”，软件会把“呀呀学语”翻译为成人语言。不过软件只能识别声音，而婴语中还包含着很多动作。

作为一家乳品公司，伊利在2010年10月组织了母婴营养研究中心婴语专家团，推出我国首份《婴语单词表》，主要介绍各种婴儿动作的含义。甚至，他们还设计了“婴语四六级考试”，测试广大年轻家长。伊利成为我国推广婴语的主要力量。

婴语最初仅指婴儿先天形成的动作语言，成年人要做的只是去识别。但是，先天的婴语不系统、无标准、意义零散。所以，美国加州大学研究人员古德温创立了系统性的“婴儿手语”。比如，握拳头代表要吃奶，上下摆手代表要洗澡，等等。

这是从先天婴语里总结出来的人造婴语，传授这样一套手语，在美国已经成为行业。正面的研究成果表明，如果给婴儿传授一套手语，让他们尽早地主动与人交流，等孩子到三岁时，讲话能力能达到四岁，八岁时的智商高于平均数。

新生儿使用婴语只有一两年时间，在此期间要不要专门教孩子一套手语，人们对此还存在争议。不过，学习婴语对年轻父母来说是必需的。未来社会将同当今社会一样保持低生育率，如果父母在实践中慢慢总结婴语，恐怕等他们搞明白，孩子也长大了。所以，在母亲孕期甚至更早提前学习婴语，会让父母迅速进入角色，掌握育儿技巧。

未来，全新的婴语教师将会闪亮登场！

09 职业家长

笔者在大学期间攻读教育学专业。同学们聊天时，经常感慨有些家长素质低下。开车要考驾照，生孩子却不用。大家每提起此事，都觉得深为遗憾。不过在将来，生儿育女很可能变成职业，并且要先考一张生育资格证。

发生这个变化的原因，是全社会的技术进步，而不是具体的哪一项。古代没有计划生育，但死亡率高，人口增加缓慢。现代社会医疗、营养等条件全面提升，婴幼儿死亡率大大下降，而且高出生率往往会持续几代人。于是，各国都有一波人口生育高峰。美国有“婴儿潮”，我国的人口生育高峰在20世纪五六十年代，非洲则正处于生育高峰当中。

然而，随着人们的生活越来越富裕，现代社会保障体系的日益完善，新一代年轻人的生育愿望大大下降。从日本到俄罗斯，低出生率都是大问题。虽然我国人口数还保持在世界第一的水平，但平均年龄已经上升到37岁。按这个趋势发展，2050年我国人口的平均年龄将达到45岁，处于儿童时期的人口数将长期少于处于中老年时期的人口数。

低出生率或者负出生率的国家已经开始用一些政策刺激生育。在“超低生育率国家”韩国，政府会给生得多的母亲以经济奖励。日本于2019年开始发“儿童工资”，每月给每名儿童发放约1000元人民币，同时减免幼儿园费用，整个社会从收入和支出两端都开始介入儿童的抚养。法国政府为一个家庭的第三胎提供每月900欧元左右的资助，直到孩子年满18岁。在地广人稀的加拿大，母亲在临产前8个星期就可以领津贴。孩子生下后，父母都可以领一段时间的育儿津贴，数量能达到工资的一半左右。

鼓励生育的手段越来越多，相信未来会在某个低生育率国家出现转折点——生孩子领到的钱等于工资。于是，便会有一部分年轻人选择在家当父母，把生儿育女当成职业。

其实，历史上有过职业母亲的尝试，那就是SOS儿童村，是由奥地利赫尔曼·格迈纳在1949年创办的慈善机构。儿童村由15—20个独立住宅组成村落。每宅一家，有6—8名不同年龄、性别的儿童组成，他们互称兄弟姐妹，由一名独身妇女当“妈妈”。在那里，母亲不是生理身份，而是社会职业。

不过，SOS儿童村的合同规定，职业养母不能结婚，也不能生育自己的孩子。未来的职业家长正好相反，他们通过生孩子向政府领取报酬。当然，他们的同龄人中有人会选择不婚不育，专心创造财富，形成“造人”和“造物”的分工。

现在，发达国家提供的育儿补贴还不足以吸引本国普通年轻人，一些移民利用政策漏洞生育大量孩子，却没有教育孩子的能力。一旦育儿补贴等于或者超过平均工资，原住民的下一代便会把生儿育女当成职业。

届时，也不排除某些国家实施考核制度，要求成年人有抚养孩子的知识和能力，才能充当职业父母。

10　高危职业——基础课堂教师

最后说到的这个高危职业，自从1905年开办“新学”后出现，已经陪伴了几代中国人。然而，它也即将退出历史舞台，这就是中小学里讲基础课的课堂教师。

这不是个标准术语，它有两层含义。第一，这些教师讲的是基础知识，几十年甚至几百年都不会变化。对学生来说，学习基础知识就是被动吸收信息的过程，类似于查字典。第二，它是指在学校里以课堂讲解为主要工作的人。教师要备课、批改作业、管理考试、与家长沟通，但他们全部工作的核心就是在课堂上讲知识。以至于在人们的印象里，教师的全部工作就是讲课。

为什么一定要安排真人讲课？这种教学模式形成于工业革命时期。虽然当时已经有印刷术，但是纸张昂贵，不能印刷详细的教材，再加上学生的阅读能力有限，于是，只印刷提纲挈领的教材，由教师在课堂上展开来细讲。

200多年来，“照本宣科”式的教学是很多中小学教师的常态。现在，很多未到学龄的孩子就会使用“触屏”，学生遇事问百度。如果再由教师讲解固定的知识点，其效率已经远远落后。

教师用讲课的形式传播知识，还有一些弊端。首先，不能因材施教。“照本宣科”时代往往与各国生育高峰重叠。笔者小时候在农村借读，当地学校每个班六七十人。教师讲一年课，都不一定认识全部学生，何谈因材施教？所以，搞“照本宣科”，这也是其中一个原因。现在，新生儿的数量越来越少，而教学机构没有压缩，班级规模越来越小。如果教师还是以讲课为核心，就显得有些浪费。其次，教师水平参差不齐。

既然学习基础知识类似查字典，那么“AI教师”的水平肯定超过所有教师。这是蒸汽时代不存在的技术。现在已经有了“雨课程”之类的教学软件。它不仅能迅速呈现知识，而且使用大数据技术，可以针对每个学员的情况解决具体问题。

与导航软件一样，这类软件无论服务几万名，还是几百万名学生，都可以做到有针对性。而且一款教学软件不会发脾气，学生不会因为讨厌某个老师而偏科。

由于程序和语言关系紧密，现在的教育软件还集中于汉语和外语教学。将来，教学软件会延伸到中小学所有的基础课程。然而，全国中小学教师的数量还在增加，如果“基础课堂教师”消失，这些人怎么办？其实，上面所述已经指出了他们未来的发展方向——新职业培训专家、在线教师、行为教练、研学导师、考场管理员，他们可以转行到任何一个岗位，以新的身份从事教育。

你没有机会在这种学校就读，也许你的孩子会赶上！

尾声

我住在北京首钢公司家属宿舍区里，周围都是退休的钢铁工人。曾几何时，首钢是北京的支柱企业。现在换成“BAT”和“爱优腾”。程序员取代钢铁工人，成了非常热门的职业之一。

有多少钢铁工人转行到电脑公司？估计很少，新职业往往留给下一代。我为今天的中学生写这本书，便是基于这样的理由。

01 技能传承员

笔者有个朋友，学习科技史专业，后来到科技馆工作，负责将古代生产工具进行复原和布展。他不仅仅能“纸上谈兵”，而且真的会其中一些技能，比如用手工方法来造纸。

据统计，随着社会加速发展，每经过一代人，就有40%的技能失去作用。比如，第三套人民币的五元面额上，一位工人拿着钢钎进行操作，那个职业叫炉前工，是老式钢铁工厂的核心岗位，用钢钎拨走钢水中炉渣的形象几乎是钢铁工业的代表。由于要在高温中工作，炉前工在计划经济时代有最高的口粮份额。但是，现在的冶金厂已经实现自动化，这个工种退出了历史舞台。

又比如，随着黏土砖等传统建筑材料退出舞台，“瓦工”这个行业也消失了。现在还有瓦工技能的人，最小也都有四十多岁。

不仅生产技能在消失，传统生活技能也在逐渐消失。例如生炉子、缝补衣服，甚至居家做饭和用笔书写。

当然，与此同时会有很多新技能产生。所以，我们的社会财富并未下降。然而，那些旧技能就让它们消失吗？它们的消失无论是对文化传承，还是对考古研究，都是不利的。随着考古技术的提升，以及虚拟现实技术的普遍运用，复原过去的劳动场面已经不困难。可是技术并非物质，摆上一架纺车，挖上一个酒窖，那些传统技能并不能复活。

现在有一个概念，叫作非物质文化遗产，指的就是已经消失，或者形将消失的传统技能。主要内容是传统劳动技能和传统艺术。要保护这些传统技能，最重要的不是用文字和画面来记录，而是保护拥有这些技能的人，让他们用身体记载传统技能，并且传承下去。

这些人叫作文化传承人。他们以前是某个传统行业的从业者，由于这些行业行将消失，他们已经很难凭借相关技能养活自己。从2008年开始，国家给确认的文化传承人发补贴。也许这笔钱并不够他们的所有开支，但是至少让一些人因保持传统技能而有收入。

文化传承人的年纪大，文化程度偏低，而且很多人对于自己的技能，知其然不知其所以然。所以，将来会有一批科技史专业的学生，成为专职的技能传承人，其目标主要是服务科研。他们中一个人同时掌握几门技能，并且能从学术角度理解其意义。

想象一下，或许随着语音录入技术的提高，几代人以后人们将不再使用键盘。到那时，可能只有专业的技能传承人还会操作它。

02 未来学家，最后一个新职业！

有人会问：“你这些知识都是从哪来的？”

我的答案是：未来学家。所以，本书最后一个新职业就是未来学家。

如果你生活在40多年前，会听到一些如雷贯耳的名字：阿尔文·托夫勒、奈斯比特、柯尼什；会看到一些比武侠小说更流行的书，《未来的冲击》《第三次浪潮》《大趋势》等；你还有可能参加中国未来研究会，它成立于1979年。

当“未来已来”成为口号时，未来学却成了冷门。

未来学的职能是研究宏观趋势，给政府、企业和非商业机构提供帮助。一般来说，未来学以未来的5年为研究下限，短于5年的未来属于具体计划，不在未来学的研究范畴。

比如开发商看中一块地，决定在几年里建成并发售，这就是具体计划。但是，这块地所在城市未来会有怎样的发展趋势，却不是他能够确定的，那是一个整体趋势，需要专门研究。

又比如，一个高中生肯定会参加高考，这属于具体计划。但在几年后从事哪种职业更好，却不是他能够计划的，要考虑社会发展趋势。

未来学的研究上限一般是二三十年，在这期间的未来趋势可以用数据推导。再远的未来因为变量太多，属于哲学思辨的范围。

如此看来，未来学并不神秘，从古就有。诸葛亮的《隆中对》，孙中山的《建国方略》都属于未来学范畴的中期趋势研究。近代未来学发端于英国作家威尔斯的演讲，名叫《科技进步对人类社会的影响》。1943年，德国学者弗莱希泰姆最早提出“未来学”概念。到1967年，国际未来学会在挪威奥斯陆召开第一次年会，标志着这门学科的成熟。

中国从1975年就开始引进未来学著作，1979年成立了未来研究会，发起人是钱学森、茅以升、汪道涵这些大咖。

小农时代，哲学家谈未来，文学家谈未来，但是没有专门的未来学。进入20世纪，科技对社会的影响力日益鲜明，人们开始把科技进步当成社会变化的首要动力。于是便产生了技术决定论，它也变成未来学的基础。

未来学家专注今天的科技前沿，从里面找到能够影响未来几十年的新发明，再作出预言。比如，托夫勒在1980年就预言，由于信息技术提升，将来会有很多人居家办公。

可惜，进入20世纪90年代后，未来学界既没出名人，也没出名著，更缺乏新成果，本身都快被人遗忘。但这并非是社会不需要。今天的公众比任何时候更需要关注未来，并且因为不清楚未来发展趋势而感到焦虑。

所以，未来学将会以更成熟的面貌回归，并且为普通人服务。特别是青少年，你们的人生要在十几年后步入巅峰，未来学会帮助你们提前布好人生的开局。

或者，你们将来也能担任未来学家，去为你们的下一代服务。